Charles Richet

Les Démoniaques d'autrefois

Essai

ISBN : 978-1981471980

10 9 8 7 6 5 4 3 2 1

Charles Richet

Les Démoniaques d'autrefois

Essai

Table de Matières

I. LES SORCIÈRES ET LES POSSÉDÉES.

Dans son gros livre sur les sorciers [1], Pierre Le Loyer est pris de compassion pour les erreurs des païens relativement à l'origine des maladies. « Si celuy qui tomboit du haut mal bêloit comme une chèvre, et si, pendant qu'il étoit à plat de terre, il se tournoit souvent vers la partie droite, l'on disoit que la mère des dieux causoit sa maladie. S'il crioit plus haut et en voix plus claire, comme le cheval qui hennit, c'étoit Neptune. S'il haussoit sa voix en ton grêle et déchiqueté menu comme le chant des oiseaux, c'était Apollon, surnommé Nomien ou pasteur. S'il se tantouilloit en la fange, et se plaisoit à s'en souiller le visage et le corps, c'étoit Diane présidant ès carrefours. S'il jetoit de l'écume par la bouche, ruoit et regimboit des pieds, c'étoit Mars. Si de nuit il se levoit en sursaut et s'épouvantoit, c'étoit Hécate ou Proserpine qui lui mettoient en tête ces tranchées de folies… Il n'y a personne qui ne juge que ce que faisoient les païens ne fût assez ridicule, que ce n'étoit que superstition à laquelle ils étoient extrêmement adonnés, et que Satan en un mot leur avoit bien sillé (fermé) les yeux de l'esprit. Le diable avoit affaire avecque gens sans sentimens, qui n'étoient expérimentés en ses ruses et dissimulations, et prenoient la nuit pour le jour. »

Il est certain que Le Loyer calomnie les anciens. S'il y eut des superstitions au temps des Grecs, celles du moyen âge et du XVIe siècle, voire même du XVIIe furent plus aveugles et plus sanglantes. Le sorcier, la sorcière, le diable, le maléfice, le sabbat, sont des inventions relativement modernes. Au temps d'Hippocrate, on admettait que toutes les maladies ont une cause naturelle (sauf l'épilepsie, qu'on appelait maladie sacrée ou maladie d'Hercule). Peut-être même y avait-il chez les anciens, au sujet du mal physique, une vague idée religieuse, celle de la fatalité, avec cette opinion que le destin envoie aux hommes des maladies pour les punir. Mais quant à préciser l'action de cette puissance fatale, le bon sens antique s'y est constamment refusé. Quand les religions orientales vinrent se mêler au paganisme expirant, la superstition commença : ce fut un temps propice aux magiciens, aux sorciers, aux devins. Bientôt cependant, avec l'effondrement de l'empire romain et la ruine totale des vieilles religions, toutes ces imaginations se dissipèrent, ou au moins il nous est impossible d'en retrouver les traces. Il faut arriver au moyen âge pour pouvoir constater la croyance au diable et aux démons. Du XIIe au XVIe siècle, le culte du diable fait des progrès rapides. Sorciers et sorcières se multiplient, si bien qu'en 1600 il y en a près de trois cent mille en France. Le diable est dépeint, décrit, étudié ; on connaît ses mœurs, ses habitudes, ses goûts, ses antipathies ; on sait comment il vient hanter les corps des malades, on connaît les formules qu'il faut employer pour le chasser, on a des moyens sûrs pour reconnaître les sorcières, des procédés efficaces pour les faire parler, et des bûchers bien flambants pour les punir.

Les témoins de cette fureur superstitieuse ne manquent pas ; on les trouve dans toutes les bibliothèques. On les consulte peu cependant. Peut-être, et non sans raison, a-t-on redouté l'ennui énorme qui se dégage de ces indigestes compilations (le livre de del Rio, in-4° à deux colonnes en petit texte, n'a pas moins de 1,070 pages). Peut-être a-t-on hésité devant le latin barbare, obscur, incorrect, des écrivains allemands, français, espagnols, italiens du XVIe siècle, peut-être aussi n'a-t-on pas osé aborder de front cette aberration universelle, qui a duré plus de quatre siècles et qui a fait de si nombreuses victimes. Toutefois ce n'est pas sans profit qu'on secoue la poussière des vieux traités de magie et de sorcellerie. On y trouve de précieux documents sur l'état de l'esprit humain au moyen âge. Si ce n'est pas tout à fait de l'histoire, c'est de la psychologie historique. Cette étude n'est donc pas sans attrait, et je me déclarerais, je l'avoue, fort satisfait, si on pouvait trouver autant d'intérêt à lire mes recherches que j'en ai pris à les faire.

Le livre le plus important à consulter, c'est *le Marteau des sorcières (Malleus maleficarum)*. Généralement on l'attribue, à Sprenger seul ; mais il est l'œuvre de deux personnes, Jacques Sprenger, ou Springer, et Henri Institor, tous deux envoyés par lettres apostoliques du pape Innocent VIII comme inquisiteurs de la perversité hérétique en Allemagne, sur les bords du Rhin [2]. Ce livre, recommandé aux inquisiteurs par une bulle du pape Innocent VIII, approuvé par un mandement de l'archevêque de Cologne (1584), fut donc dès son origine un livre orthodoxe. Bientôt il devint classique. Ce fut en quelque sorte le manuel de l'inquisiteur, manuel qui permettait au juge d'être docte, orthodoxe, érudit, invincible, de répondre à tous les arguments sataniques et de condamner sans appel. De là l'allure pédantesque de ce livre. Il est écrit sous la forme de questions et de réponses, avec des divisions et des subdivisions à l'infini. Une crédulité naïve à toutes les fables, même à celles de l'antiquité, une confiance sans limite dans les arguments de la théologie, une connaissance approfondie de la *Somme* de saint Thomas, et avec cela l'expérience de toutes les perfidies et machinations que le diable peut ourdir, expérience acquise par vingt années d'inquisition, voilà Sprenger. Il est sot, mais intrépide, dit Michelet. Il pose hardiment les thèses les moins acceptables. Un autre essaierait d'éluder, d'atténuer, d'amoindrir les objections ; lui, dès la première page, les montre en face, expose une à une les raisons naturelles, évidentes, qu'on a de ne pas croire aux miracles diaboliques. Puis il ajoute froidement : *Autant d'erreurs hérétiques.*

Tout le monde a vu les manuels destinés à préparer les écoliers au baccalauréat : plusieurs traités composés par des auteurs différents sont réunis en un seul volume, de manière à former un résumé complet des connaissances exigées pour l'examen. On faisait de même jadis pour l'inquisiteur, et on imprimait dans le même volume divers traités utiles aux juges des sorcières. A côté du *Marteau des sorcières* se trouvent donc d'autres ouvrages d'importance moindre, mais assez curieux cependant pour mériter d'être cités ici. D'ailleurs « leurs titres ont toujours quelque chose de rare. » — Frère Jean Nider, de l'ordre des frères prêcheurs, professeur de théologie et inquisiteur de la peste hérétique : Traité remarquable sur les maléfices et sur les déceptions qu'ils causent, extrait avec un soin particulier du Formicarium [3] du même auteur. — Bernard Basin : des Sciences magiques et des maléfices des sorciers. — Ulrich Molitor : Dialogue sur les lamies (sorcières) et les pythonisses. — Frère Jérôme Mengus, de l'ordre des frères mineurs : Fouet des démons, ou exorcismes terribles, puissants et efficaces, remèdes excellents pour chasser les esprits malins des corps des possédés et échapper aux méfaits du diable. — Thomas Murner : des Pythonisses. — Félix Malleolus : Traité des exorcismes et des conjurations. — Frère Barthélémy de Spina : des Stryges et des Maléfices [4].

Les inquisiteurs et les exorcistes trouvèrent un rude adversaire dans le médecin flamand Jean de Wier (1515-1588). Jean de Wier était le disciple de ce fameux Cornélius Agrippa, nécromancien cosmopolite, tour à tour soldat, astrologue, médecin, avocat, théologien, immortalisé par Rabelais, qui l'a quelque peu raillé sous ce pseudonyme de Her Trippa, en tous cas le plus grand sorcier qui fut oncques. Agrippa, après avoir admis et probablement pratiqué la sorcellerie, finit par ne plus y croire ; il compose un livre intitulé : *de la Vanité des sciences*, et meurt en 1536 à Grenoble, à l'hôpital. Il laissa un chien noir et un disciple. Ce chien, sitôt qu'Agrippa fut mort, s'alla jeter en la rivière et depuis ne fut jamais vu. Il n'y a pas de doute à ce sujet : c'était Satan en guise de chien. Quant à Jean de Wier, il continue l'œuvre pestilentielle d'incrédulité de son maître défunt. En effet il ne croit pas, à la culpabilité des sorcières, et il ne craint pas d'appeler bouchers ceux qui les torturent et les condamnent. Son livre a rapidement plusieurs éditions [5]. On croit, dit-il, que la sorcière fait un pacte exécrable avec le démon, et, par l'efficacité d'imprécations sataniques, peut faire éclater dans l'air d'étranges flammes, exciter les tempêtes, faire tomber dru la grêle sur les champs, se transporter en quelques heures aux lieux les plus éloignés, mener danses et festins avec les démons, changer hommes en bêtes et faire apparaître mille monstrueux prodiges. Mais c'est sur l'autorité des poètes qu'on donne foi à ces fictions. La sorcière est une pauvre vieille femme, stupide et ignorante, dont la fantaisie a été tant abusée en fausses images par l'esprit malin qu'elle confesse avoir fait ce qu'elle n'a pu faire, et ce qui n'a été fait par quiconque. A plusieurs reprises, Wier s'apitoie sur les sorcières ; il les appelle pauvresses, petites vieilles, petites femmes malheureuses (*misellae, anicalae, mulierculae, vetulae*), et il apostrophe vigoureusement, avec une indignation généreuse, leurs juges, qu'il appelle bourreaux. « O vous, tyrans cruels, juges sanguinaires, qui oubliez d'être hommes, et chez qui l'aveuglement fait taire toute pitié, je vous convoque au tribunal du juge suprême qui décidera entre vous et moi. Lors la vérité que vous avez ensevelie et foulée aux pieds se dressera en votre face, et criera vengeance de vos crimes : lors sera publique votre soi-disant science de la vérité évangélique, science que certains d'entre vous nous objectent à tout propos. Lors vous ferez expérience de ce qu'est la parole de Dieu, et de la même mesure que vous jugeâtes les autres, vous aussi, vous serez jugés ! » Ailleurs il supplie les juges de ne pas pratiquer la torture, a Pensez-vous, dit-il, qu'il y ait au monde une misère pire que celle des sorcières ? Croyez-vous que ces pauvres femmes ne souffrent pas assez pour vous ingénier à les faire souffrir encore ? » Jean Wier n'est cependant ni un libre penseur, ni un sceptique. Loin de là, sa crédulité est prodigieuse. Il admet la plupart des histoires qu'on vient lui raconter. Comme Sprenger, comme del Rio, il croit au diable, à l'esprit malin, à la possession.

Il semble que la crédulité de J. Wier eût dû le protéger contre la fureur des gens bien-pensants ! Heureusement pour lui, il était médecin de Guillaume, duc de Clèves, et cette haute amitié le sauva. D'ailleurs, on ne brûle pas aussi facilement un grand docteur qu'une pauvre vieille paysanne. Aussi Wier mourut tranquillement dans son lit à l'âge de soixante-treize ans. Ce n'est pas la faute de Bodin si Wier a pu si scandaleusement échapper à toute répression. Jean Bodin, qui fut procureur du roi à Laon, et jurisconsulte célèbre, après avoir composé sa *Démonomanie des sorciers* [6], croit nécessaire de réfuter les erreurs de Jean Wier ; « premièrement pour l'honneur de Dieu, contre lequel il s'est armé ; en second lieu, pour lever l'opinion de quelques juges auxquels cet homme-là se vante d'avoir fait changer d'opinion, se glorifiant d'avoir gagné ce point par ses livres, qu'on élargissait maintenant les sorcières, à pur et plein, appelant bourreaux les autres juges qui les font mourir, ce qui m'a fort étonné, car il faut bien que cette opinion soit d'un homme très méchant ou très ignorant. Or Jean Wier montre par ses livres qu'il n'est pas ignorant, même qu'il est médecin, et néanmoins il enseigne en ses livres mille sorcelleries damnables, jusqu'à mettre les mots, les invocations [7], les figures, les cercles, les caractères des plus grands sorciers qui furent oncques, pour faire mille méchancetés exécrables que je n'ai pu lire sans horreur, et, qui plus est, il a mis l'inventaire de la monarchie diabolique avec les noms et surnoms des soixante-douze princes, et de sept millions quatre cent cinq mille neuf cent vingt-six diables, sauf l'erreur du calcul. » En lisant ce dénombrement impie, le savant Bodin est pris d'une horreur profonde : « Ce sont, dit-il, abominations la mémoire desquelles me fait dresser le poil en la tête. » Et il ajoute, avec une profonde conviction, la conviction de l'homme effrayé : « Wier est coupable de la peine des sorciers, comme il est expressément porté par la loi que celui qui fait évader les sorciers, il doit souffrir la peine des sorciers. »

Vers la fin du XVIe siècle, un certain changement s'établit dans les mœurs judiciaires. Jusque-là, les inquisiteurs et les prêtres avaient jugé les sorcières ; désormais ils n'auront plus que le second rôle, et les juges civils tiendront la première place. Qu'on ne croie pas d'ailleurs que ce sera au bénéfice de la clémence ou de l'équité : non, les magistrats sont plus crédules et plus impitoyables que les tribunaux d'inquisition. Les livres français de Bodin, de Boguet, de Le Loyer, sont remplis de plus d'inepties que les livres latins des dominicains, des bénédictins et des jésuites. Del Rio confesse même que Bodin est trop crédule, qu'il admet sans preuve des faits fort douteux, comme par exemple le chevauchement au sabbat. Est-ce que l'âme des sorcières, quittant pendant la nuit le corps endormi, s'en va toute seule au sabbat ? Bodin tranche la question par l'affirmative, alors que, suivant Del Rio, le diable trompe bien souvent les sorcières, de sorte que le chevauchement est presque toujours un effet de l'imagination. En un autre endroit, Bodin prétend que, pour faire appliquer la question, il suffit d'un seul témoin à charge, contrairement aux opinions de Sprenger et de presque tous les inquisiteurs. Les juges ecclésiastiques, moins tremblants sans doute, sont plus doux que ce magistrat. De fait, il y a peu de livres aussi effarés que *la Démonomanie des sorciers*. C'est ce qui en a fait le succès.

D'ailleurs les temps étaient propices. Jean Wier avait prêché dans le désert. Jusqu'en 1600 le nombre des sorciers va toujours en augmentant. Tout le monde croit au diable, aux démons, aux incubes, aux succubes, aux sorciers, tempestaires ou autres. C'est l'âge d'or de Satan. Fernel, un des plus illustres médecins du XVIe siècle, raconte sérieusement qu'il connaît quelqu'un qui fut ensorcelé en mangeant une pomme. Ambroise Paré, un des plus grands hommes de la France, parle avec détail des sorciers et des maux qu'ils causent [8]. « Ainsi qu'on voit aux nuées se former plusieurs et divers animaux, ainsi les démons se forment tout subit en ce qui leur plaît, et souvent on les voit transformés en bêtes, comme serpents, crapauds, chats-huants, huppes, corbeaux, boucs, ânes, chiens, chats, loups, taureaux et autres. Ils hurlent la nuit et font bruit comme s'ils étaient enchaînés ; ils remuent bancs, tables, tréteaux, berçant les enfants, jouent au tablier, feuillettent livres, comptent argent, ouvrent portes et fenêtres, jettent vaisselle par terre, cassent pots et verres et font autre tintamarre ; néanmoins, on ne voit rien au matin hors de sa place. Ils ont plusieurs noms, comme démons, cacodémons, incubes, succubes, coquemares [9], gobelins, lutins, mauvais anges, Satan, Lucifer, Père de mensonges, Prince des ténèbres, Légion.

« Ceux qui sont possédés des démons parlent, la langue tirée hors la bouche, divers langages inconnus. Ils font trembler la terre, tonner, éclairer, venter, déracinent et arrachent les arbres, tant gros et forts soient-ils ! Ils font marcher une montagne d'un lieu en autre, soulèvent en l'air un château et le remettent en sa place… Iceux démons peuvent, en beaucoup de manières, tromper notre terrienne lourdesse, car ils obscurcissent les yeux des hommes avec épaisses nuées qui brouillent notre esprit fantastiquement, et nous trompent par imposture satanique, corrompant notre imagination par leurs bouffonneries et impiétés. ils sont docteurs de mensonges, racines de malices, et, pour le dire en un mot, ils ont un incomparable artifice de tromperie, car ils se transmuent en mille façons, et entassent au corps des personnes vivantes mille choses étranges, comme vieux panneaux, des os, des ferrements, des clous, des épines, du fil, des cheveux entortillés, des morceaux de bois, des serpents et autres choses monstrueuses. »

En ce temps d'universelle crédulité, il n'y a guère que deux grands esprits qui résistent à la sottise commune, et, quand tout le monde a peur de Satan, Rabelais ose en rire et Montaigne en douter. « Je vois bien, dit Montaigne, qu'on se courrouce, et me défend-on d'en douter, sur peine d'injures exécrables. Nouvelle façon de persuader. Pour Dieu mercy, ma créance ne se manie pas à coups de poings… Qui établit son discours par braverie et commandement montre que la raison y est foible… J'ai les oreilles battues de mille tels contes : trois le virent un jour en Levant, trois le virent le lendemain en Occident, à telle heure, tel lieu, ainsi vêtu ; certes je ne m'en croirois pas moi-même. Combien trouvé-je plus naturel et plus vraisemblable que deux hommes mentent qu'un homme en douze heures passe d'Orient en Occident ! Combien plus naturel, que notre entendement soit emporté de sa place par la volubilité de notre esprit détraqué, que cela, qu'un de nous soit envolé sur un balai, au long du tuyau de la cheminée, en chair et en os par un esprit-étranger ! Ne cherchons pas des illusions du dehors et inconnues, nous qui sommes perpétuellement agités d'illusions domestiques et nôtres. Il1 y a quelques années, un prince souverain, pour rabattre mon incrédulité, me fit cette grâce de me faire voir dix ou douze prisonniers de ce genre, et une vieille entre autres, vraiment bien sorcière en laideur et difformité, très fameuse de longue main en cette profession. Je vis épreuves et libres confessions, et je ne sais quelle marque insensible sur cette misérable vieille, et m'enquis, et parlai tout mon saoul, y apportant la plus saine attention que je pusse. Et ne suis pas homme qui me laisse guère garotter le jugement par préoccupation. Enfin, et en conscience, je leur eusse plutôt ordonné de l'ellébore que de la ciguë (car ils me parurent fous plutôt que coupables)… Quant aux oppositions et arguments que des honnêtes hommes m'ont faits, et là, et souvent ailleurs, je n'en ai point senti qui m'attachent… Après tout, c'est mettre ses conjectures à bien haut prix que d'en faire cuire un homme tout vif. ».

Mais venons à l'histoire des démons eux-mêmes : et d'abord quelle est leur origine ? Sur ce point, il y a des dissentiments graves. Les rabbins juifs, d'après Balthazar Bekker [10], font remonter cette origine aux premiers temps du monde. Pendant cent trente ans, disent-ils, qu'Adam vécut loin de sa femme, il vint des diablesses vers lui, qui devinrent grosses, et qui accouchèrent de diables, d'esprits, de spectres nocturnes et de fantômes. Mais cette opinion est judaïque, et elle n'est pas admise par les auteurs chrétiens du XVIe siècle. Del Rio s'élève même contre l'opinion des auteurs qui pensent qu'Adam a composé les livres d'alchimie. Il ne nous en reste rien, dit-il fort sagement, et cette opinion, qui est le rêve d'hommes oisifs, n'est fondée sur aucune preuve. En réalité, c'est Cham qui est le premier auteur de la magie diabolique. Sur ce point aussi il y a désaccord, car, pour Bernard Basin, le premier magicien est Zoroastre, qui, au moment de sa naissance, au lieu de pleurer comme les autres enfants, se mit à rire, ce qui indiquait bien sa nature diabolique.

Que ce soit Adam, Cham ou Zoroastre, ce qui est prouvé, c'est que de toute antiquité il y a eu des sorciers, des obsessions diaboliques et des méchancetés de l'esprit malin. Pharaon avait des magiciens qu'il opposa à Moïse. La pythonisse d'Endor était une sorcière. Orphée, qui charmait les bêtes ; Amphion, qui faisait mouvoir les pierres aux accords de sa lyre, ne sont autres que des sorciers. Nabuchodonosor, qui fut changé en bête, est un terrible exemple de lycanthropie, comme aussi le malheureux Lycaon dont parle Ovide. Iphigénie fut changée en biche par un sortilège. Circé était une magicienne fameuse, comme Médée. Numa Pompilius fut abusé par la nymphe Egérie, qu'il ne savait pas être une sorcière. Epiménide, qui dormit cinquante ans dans une caverne de Crète, fut la victime du diable. La femme de Loth fut changée en statue de sel par le diable. Il n'est pas jusqu'à l'ânesse de Balaam qui ne soit invoquée comme un exemple de l'action de Satan sur les bêtes. En tous cas, l'un des plus grands sorciers, c'est Virgile, « le chancelier d'Auguste » qui commandait aux abeilles et qui descendit aux enfers. Si on a brûlé beaucoup de sorciers, au moins on ne craignait pas de les mettre en bonne compagnie.

Un point sur lequel tout le monde est d'accord, c'est qu'il y a beaucoup plus de sorcières que de sorciers. C'est, dit Sprenger, parce que la femme est plus défectueuse, et cette défectuosité tient d'abord à ce qu'elle a été créée de la côte du premier homme, ensuite à ce qu'elle a moins de foi, ce qui se révèle dans le mot lui-même *femina*, femme, qui signifie *fide minus*, moins de foi ; c'est enfin à cause de son impatience et de sa légèreté qui lui font renier plus facilement ses croyances. Sur la fragilité de la femme, Sprenger ne tarit pas. Il énumère gravement tous les exemples de femmes infidèles qui ont suivi l'exemple d'Eve, leur mère commune. En elles, dit le savant homme, il y a trois vices généraux : l'infidélité, l'ambition et la luxure. Un autre, le chanoine Basin, rappelle cette parole de l'Ecclésiaste qu'il vaut mieux habiter avec un lion et un dragon dévorant qu'avec une méchante femme. Guillaume de Paris donne un jugement assez juste en disant que, par suite de leur nature sensible et ardente, les femmes bonnes sont excellentes, et que les femmes mauvaises sont exécrables.

Pour qu'une sorcière se voue au diable, il y a plusieurs procédés. Sur ce sujet on peut donner des indications précises grâce à l'inquisiteur Cumanus dont Sprenger nous raconte l'histoire. Ce Cumanus fit brûler en une seule année quarante et une sorcières en Lombardie, et cette année encore (1584), nous dit son collègue, il continue à travailler à son métier d'inquisiteur. Or, d'après Cumanus, il y a deux pactes qu'on peut faire avec le diable : l'un est solennel, et l'autre se fait en particulier ; pour le pacte solennel, les sorcières se réunissent le jour convenu, au sabbat, devant le démon, qui a pris la forme humaine, et lui amènent la novice qu'il faut initier. Le démon l'engage à renier sa foi, le culte chrétien et les sacrements. Si elle accepte, après certaines cérémonies, le diable lui demande son hommage, et lui donne le pouvoir de faire toutes sortes de maléfices avec certaines graisses, et les membres ou les reins d'enfants récemment baptisés. Ce pacte solennel est facile à reconnaître et à punir, tandis que le pacte tacite est, de l'aveu général, presque insaisissable. Il faut une longue pratique et beaucoup d'expérience avant d'en pouvoir donner la preuve. Pour faire un pacte tacite avec le diable, il suffit de se servir d'expressions ou de formules magiques, ou même d'être lié d'amitié avec une sorcière. Il y a plus : sans conclure de pacte, soit solennel soit tacite, on peut être cependant voué au diable. C'est ce qui arrive toujours aux enfants des sorcières, qui, par le fait même de leur naissance, sont consacrés à Satan.

Le pacte solennel, si évident aux auteurs du XVIe siècle, est un des problèmes les plus obscurs de l'histoire. Existait-il un véritable sabbat ? Y avait-il à certains moments de la nuit un départ des villageois ou des citadins pour une assemblée mystérieuse qui se tenait dans la forêt, dans la lande, sur la colline ? Michelet, qui a traité cette question avec son imagination poétique et déréglée, pleine de vraie érudition cependant, pense que le sabbat existait réellement. « Représentez-vous sur une grande lande et souvent près d'un vieux dolmen celtique, à la lisière d'un bois, une scène double : d'une part, la lande bien éclairée, le grand repas du peuple ; d'autre part, vers le bois, le chœur de cette église dont le dôme est le ciel. J'appelle chœur un tertre qui domine quelque peu. Entre les deux, des feux résineux à flamme jaune et de rouges brasiers, une vapeur fantastique. Au fond la sorcière dressait son Satan, un grand Satan de bois, noir et velu, ténébreuse figure que chacun voyait diversement. » Ces descriptions, qui sont d'un poète plus que d'un historien, ne sont guère faites pour entraîner la conviction, et il ne faudrait pas lire beaucoup de récits de sabbat, encore qu'ils s'accordent entre eux, pour être convaincu que cette conception de l'assemblée des sorcières est fantastique, et résulte de l'imagination délirante de malheureuses hystériques. lorsqu'il s'agit de confessions faites sous la torture, est-il possible de leur accorder quelque valeur ? Souvent, il est vrai, ces confessions, ces aveux étaient spontanés ; mais pourrait-on prouver qu'ils ne sont pas dus au délire ou à la démence [11] ? D'ailleurs, pour beaucoup de sorcières, il y avait un prélude nécessaire au départ pour le sabbat ; c'était l'onction avec certains onguents dans lesquels la belladone et la mandragore jouaient le principal rôle. Or on sait que ces solanées sont des poisons qui agissent sur l'intelligence, troublent la vue et les sens, et, même à dose assez faible, provoquent une sorte d'ivresse. Voici, entre cent autres semblables, un des récits de Bodin : « Auprès de Rome, l'an 1526, il y eut un paysan, lequel ayant vu sa femme se graisser la nuit toute nue, et puis ne la trouvant plus en sa maison, le jour suivant il prend un bâton et ne cessa de frapper jusqu'à ce qu'elle eût confessé la vérité, ce quelle fit, requérant pardon. Le mari lui pardonna à la charge qu'elle le mèneroit à l'assemblée. Le jour suivant la femme le lit oindre de la graisse qu'elle avoit, et se trouvèrent tous deux sur chacun un bouc bien légèrement. Se voyant à l'assemblée, la femme le fît tenir un peu à l'écart, et alla faire la révérence au chef de l'assemblée qui étoit habillé en prince pompeusement ; la révérence faite, on se mit à danser en rond, les faces tournées hors le rondeau, de sorte que les personnes ne se voyoient pas en face. La danse finie, les tables furent couvertes de plusieurs viandes ; alors la femme fit approcher son mari pour faire la révérence au prince, puis il se met à table avec les autres, et voyant que les viandes n'étoient salées, il cria tant qu'on lui apporta du sel, et, devant que de l'avoir goûté, il dit : Loué soit Dieu que le sel soit venu ! A ce mot soudain tout disparut, et personnes, et viandes, et table, et demeura seul tout nu ayant grand froid, ne sachant où il étoit. Or il étoit loin de Rome de cent milles, au comté de Bénévent, et fut contraint mendier pain et habits, et le huitième jour il arriva, en sa maison, fort maigre et défait, et alla accuser sa femme qui fut prise, et en accusa d'autres qui furent brûlées toutes vives après avoir confessé la vérité. »

On trouve dans Bodin, dans Sprenger, dans Del Rio, beaucoup de récits analogues. La sorcière se *graisse* avec certains onguents ; tout d'un coup elle est transportée dans les airs, soit sur un bouc noir qui se trouve là tout exprès, soit sur un manche à balai, soit sur tout autre véhicule aussi commode. Elle arrive au sabbat, elle y trouve des démons qui dansent, elle danse avec eux, et avec des sorcières et des sorciers venus des villages voisins. Voilà ce qu'avouent toutes les accusées, voilà ce qui se trouve dans tous les livres. Mais est-ce que vraiment ces aveux peuvent servir de témoignage suffisant ? Est-ce que les affirmations de mille pauvres femmes, folles ou hystériques, doivent servir de base à l'histoire ? Les historiens de ce siècle sont plus exigeants que les inquisiteurs du temps passé. Nous avons peine à croire que d'immenses assemblées aient pu se tenir pendant, plusieurs siècles, depuis l'an 1300 à Toulouse jusqu'à l'an 1612 en Béarn, sans que personne ait pu surprendre en flagrant délit quelqu'une de ces sorcières. C'est toujours sur leurs aveux qu'on s'appuie pour les condamner, à moins qu'on ne les surprenne le malin courant toutes nues dans la campagne, ce qui indique la démence ou l'hystérie, mais ce qui ne prouve en rien l'existence d'une assemblée du sabbat. Pour admettre ces réunions diaboliques, il faudrait supposer qu'il y avait des imposteurs ayant façonné en bois ou autrement une sorte d'image du diable. Ce diable, dont la peinture est faite différemment par chaque auteur, est ainsi décrit par de Lancre : « Le diable au sabbat est assis dans une chaire noire avec une couronne de cornes noires, deux cornes au cou, une autre au front, avec laquelle il éclaire l'assemblée, les cheveux hérissés, le visage pâle et trouble, les yeux ronds, grands ouverts, enflammés et hideux ; une barbe de chèvre, la forme du col et tout le reste du corps mal taillés, le corps en forme d'homme et de bouc, les mains et les pieds comme une créature humaine sauf que les doigts sont tous égaux et aigus, s'appointant par les bouts, armés d'ongles, et les mains courbées en forme de pattes d'oie, la queue longue comme celle d'un âne. Il a la voix effroyable et sans ton, tient une grande gravité superbe avec une contenance d'une personne mélancolique et ennuyée. »

Faut-il voir dans cette image la fantaisie d'une des nombreuses sorcières que de Lancre a fait brûler (soixante en quatre mois), ou bien la peinture vraie d'une idole de bois sculptée grossièrement par quelque sorcière ? S'il en était ainsi, il serait étonnant qu'on n'eût jamais trouvé de semblable simulacre. Une assemblée de six mille personnes se réunissant sans laisser de traces serait un phénomène bien merveilleux. N'est-il pas plus simple de croire à l'aberration de toute une population craintive et ignorante ? La question reste donc tout entière de savoir si le sabbat a existé, ou si c'est une hallucination cent mille fois répétée. C'est aux historiens à élucider ce problème, et il ne paraît pas que l'on ait encore donné des preuves bien fortes permettant d'affirmer qu'il y a eu ou qu'il n'y a pas eu de sabbat.

Quoi qu'il en soit, laissons cette question ténébreuse du sabbat. Aussi bien les croyances superstitieuses ne nous feront pas défaut. Une des plus importantes, et sur laquelle, pour des motifs que l'on comprendra, il nous est interdit d'insister, est relative à l'union du diable avec les sorcières. Dans ce cas, le diable est un *incube*. L'esprit malin peut aussi, sous la forme d'une femme, jeune ou vieille, laide ou belle, s'unir au sorcier. Alors le diable est *succube*. Pendant tout le XVIe et tout le XVIIe siècle, succubes, incubes surtout, foisonnent, et il n'y a pas de sorcière qui n'avoue ses relations avec le diable. Quant à savoir si le diable peut être père, c'est un des problèmes les plus discutés. L'opinion la plus commune, c'est qu'il est père indirectement, en passant de l'état de succube à l'état d'incube. Les cérémonies infâmes, qui étaient racontées comme propres au sabbat, ont fait croire à Michelet et à d'autres auteurs encore que le sabbat était un rendez-vous de débauche. Combien n'est-il pas plus vraisemblable que les aveux des sorcières sont dus aux hallucinations qui les hantaient, à des visions de nature érotique, telles qu'on en constate aujourd'hui encore de si fréquents exemples ?

La puissance des mauvais anges est infinie. Il suffit, pour que le diable ou un démon d'ordre inférieur s'empare du corps d'un malheureux, qu'il ait commis un oubli, une négligence d'un instant. Ainsi une religieuse ayant oublié de dire son *Benedicite* en mangeant de la laitue, un diable, qui s'était caché dans cette laitue, s'empara d'elle et pendant longtemps l'agita de convulsions terribles, jusqu'à ce qu'enfin l'évêque, pris de pitié, l'eut triomphalement exorcisée. Un brave homme, nommé Pierre, ayant négligé en se couchant de faire le signe de la croix, se réveille au milieu de la nuit, croyant que le matin est arrivé, et, pensant être sur un terrain uni, se précipite du haut de son escalier, au bout duquel il arriva à demi mort à la grande stupéfaction de tous. N'est-il pas certain que le diable était l'auteur de cette malheureuse illusion ? Tout ce qui se fait de peu ordinaire ou même de très ordinaire est attribué au mauvais esprit. Luther y croyait plus que quiconque. Il raconte ses dialogues avec l'esprit malin, qui pendant la nuit cassait les vitres et remuait des sacs de noix sous son lit. Lorsqu'il composait ses ouvrages, Luther avait fort à faire à répondre aux arguments que Satan lui objectait. Une fois, emporté par la colère, il prit son encrier et le jeta contre le diable avec tant de force que l'encre alla tacher le mur. On voit encore maintenant, dit M. Louandre, la tâche d'encre faite par Luther dans sa lutte contre le mauvais ange. Elle se trouve dans la petite chambre de Wartbourg où il travaillait. Le diable, dit quelque part Luther, est un maître redoutable, qui a dans sa sacoche plus de poisons que tous les apothicaires du monde. D'ailleurs, suivant Del Rio et Sprenger, l'apôtre de la réforme avait bien le droit de causer avec le diable, étant lui-même le fils d'une sorcière et d'un démon [12]. Savonarole, lorsqu'il était sur le point de dormir, entendait le diable qui l'appelait par son nom, mais en changeant chaque fois la prononciation. Érasme, un grand esprit cependant, s'imaginait tenir des démons en prenant des puces : il admet qu'une ville tout entière a été brûlée par les démons. Mélanchthon rapporte que, lorsque certaines démoniaques arrachaient les poils du vêtement de quelque personnage que ce fût, ces poils étaient incontinent changés en pièces de monnaie du pays. Michel Servet pensait que dans les ventricules du cerveau Satan était logé et y promenait sa fantaisie. Toutes les fois qu'un phénomène bizarre ou inexpliqué se produisait, aussitôt on y voyait l'action du diable. Un jour qu'Ignace de Loyola faisait des études grammaticales sur les déclinaisons des noms et des verbes, les idées affluaient si rapidement à son esprit qu'il ne pouvait rien apprendre ni rien retenir, et malgré toute l'attention qu'il apportait à ce travail, il lui était impossible de chasser les pensées confuses qui l'envahissaient ou de fixer ses idées sur un point précis. « Je reconnais, s'écria-t-il alors, je reconnais les ruses de notre odieux ennemi, la perfidie et l'astuce du Malin. » — « Je sais un personnage, dit Bodin, lequel me découvrit qu'il était fort en peine d'un esprit qui le suivait et se présentait à lui en plusieurs formes, et la nuit le tirait par le nez, et l'éveillait, et souvent le battait, et, quoiqu'il le priât de le laisser reposer, il n'en voulait rien faire et le tourmentait sans cesse, lui disant : Commande-moi quelque chose. »

D'autres exemples montreront bien quelle foi absolue, aveugle, on donnait à la puissance diabolique. Un jour, dit Sprenger, un homme fut changé en âne par une sorcière. Pendant trois ans on fit porter au malheureux jeune homme les plus lourds fardeaux. Enfin, au bout de ce temps, passant devant une église, au moment où on célébrait la messe, et n'osant pas entrer de peur d'être chassé et roué de coups, il se tint devant la porte, pliant les pattes de derrière, et joignant les pattes de devant, c'est-à-dire les mains, ajoute Sprenger, en les élevant au ciel. Au moment où l'on admirait ce prodige, arrive la sorcière qui se met à frapper l'âne à coups de bâton. Mais l'on devine bien qu'il s'agissait d'un maléfice ; on la traîne devant le juge, on l'interroge, on la torture, elle avoue son crime, on obtient d'elle qu'elle rende le jeune homme à sa forme première, et, pendant qu'elle expie son crime, le jeune homme revient plein de joie vers les siens (p. 286). Les pires sorcières sont les sages-femmes, qui, au moment où les enfants viennent au monde, les vouent au démon ; il en est qui leur coupent les membres avant qu'ils soient baptisés pour composer des onguents magiques ; dans le diocèse de Constance, on brûla une sorcière sage-femme qui avait tué plus de quarante enfants en leur enfonçant une épingle dans la tête. Les sorcières disposent de tous moyens pour donner les maladies, priver de lait les vaches, faire tomber la grêle ou détruire les moissons. Pour faire tarir le lait des vaches, il suffit de mettre par terre un seau vide, de planter un couteau dans le mur et d'invoquer le diable ; aussitôt le diable va prendre le lait d'une vache féconde qu'il porte dans le seau de la sorcière. Un jour, une jeune fille, n'ayant pas été invitée à un festin et irritée de cet oubli, appelle le diable qui vient à elle, et comme elle déclare vouloir faire tomber la grêle sur toute la société, il lui accorde sa demande ; aussitôt une grêle violente afflige la ville, tandis que la sorcière est enlevée dans l'air par le démon aux yeux de certains bergers. Comme elle rentra dans la ville, les bergers l'accusèrent. On l'appréhende, on l'interroge, et après qu'elle a confessé toute l'horreur de son crime, elle est brûlée sans délai.

Souvent les sorcières prennent la forme d'animaux. Un jour, un bûcheron, pendant qu'il coupait du bois, fut attaqué par trois chats qui se mirent à lui mordre les jambes. Effrayé, il se défend comme il peut, et, ayant fait le signe de la croix, parvient à se débarrasser de ses agresseurs. Il rentre dans la ville, mais aussitôt on l'accuse d'avoir porté un maléfice sur trois femmes qui, au même moment, ont été grièvement blessées. Il allait être jugé et probablement condamné, si le juge n'avait découvert que ces trois bêtes n'étaient autres que les trois femmes, c'est-à-dire trois abominables sorcières, qui par l'assistance du démon avaient été métamorphosées en chattes. Souvent aussi les sorcières se transforment en louves. Boguet raconte sérieusement cette histoire d'un chasseur qui, ayant coupé d'un coup de fusil la patte d'une louve, s'égare et va demander l'hospitalité dans un château. Requis s'il avait fait bonne chasse, il veut montrer la patte de la louve, mais, à sa grande surprise, c'était un bras de femme. Le châtelain y reconnaît son anneau de mariage ; il va trouver sa femme, qui cachait son bras ensanglanté. Point de doute ; elle était sorcière et courait la forêt sous la forme d'une louve. On croirait que c'est une fable, si la malheureuse femme n'avait été brûlée.

D'autres fois c'est le diable lui-même qui se déguise en un animal, il peut être loups, ours, araignée, crapaud, jamais cependant il ne revêt la forme d'un agneau ou d'une colombe. Un jour, en Angleterre, un possédé toutes les fois qu'on approchait de lui la sainte hostie, poussait des hurlements et des blasphèmes. « Vraiment, disait-il, une araignée mérite plus de respect. » Aussitôt, une araignée, immense et hideuse, descend du dôme de l'église, et, suspendue par son fil, arrive jusqu'à la bouche du blasphémateur. Lorsque les sorcières basques furent brûlées, en 1609, par de Lancre, à la dernière sorcière qu'on brûla, une nuée de crapauds sortit de sa tête ; le peuple se rua sur eux à coups de pierre, mais ils ne purent venir à bout d'un crapaud noir qui échappa aux flammes, au bâton, aux pierres, et se sauva, comme un démon qu'il était, en lieu où, on ne sut jamais le trouver.

Mais ce qui, au point de vue psychologique, a le plus d'intérêt pour nous, c'est de savoir comment le démon peut pénétrer dans les corps. Or il y a deux sortes d'actions : la possession et l'obsession. Dans la possession, le démon s'est emparé complètement du corps et de l'âme du malheureux. Au contraire, dans l'obsession, il n'y a qu'une persécution superficielle, qu'il est facile de combattre par le jeûne, par les prières, par l'aumône. Le plus souvent la possession est un pacte par lequel on s'est voué au diable. Quelquefois cependant ceux qui en sont les victimes ne sont pas les coupables ; il faut les exorciser et non les punir. Les inquisiteurs discutent gravement la question de savoir si le démon entre en substance oui en puissance dans le corps ou dans l'âme humaine, et ils se livrent sur ce point à des argumentations approfondies. Mais c'est surtout le témoignage des possédées que nous devons invoquer à ce sujet. « Je puis me comparer, dit Angèle de Foligno, à quelqu'un suspendu par le cou, dont les mains sont liées derrière le dos, et dont les yeux sont fermés. C'est en me mettant dans cet état que les démons me tourmentent cruellement. Il semble que je sois sans soutien, et que toutes les forces de mon esprit disparaissent sans que je puisse y résister. Quelquefois une colère violente et un désespoir amer m'envahissent ; si bien que je ne peux m'empêcher de me déchirer le corps. Je me frappe de coups terribles, de sorte que toute ma tête et tous mes membres sont gonflés de meurtrissures. Ainsi je vois que je suis livrée à de nombreux démons et plongée dans d'horribles ténèbres. » Hildegarde raconte à peu près la même chose. « La noirceur et les fumées diaboliques m'obsèdent et m'obscurcissent ; une ombre pestilentielle se répand sur tous mes sentiments, et m'empêche de dire telles paroles et faire telles actions qu'il convient. De vrai, ce diable n'entre pas dans l'homme comme diable, mais comme fumée diabolique. Car si c'était le diable lui-même, aussitôt tous les membres seraient réduits en poudre et dispersés par le vent, ainsi qu'il appert de la nature spirituelle du prince des ténèbres, mais Satan se sert du corps de l'homme comme d'une fenêtre, et vocifère par cette fenêtre, et meut tous les membres à des actions mauvaises, incongrues et véritablement diaboliques. » Elle conclut donc en admettant que ce n'est pas le diable lui-même, mais seulement la vapeur méphitique du diable, qui pénètre dans l'homme.

Cependant les exorcistes sont plus précis en général ; ils admettent plusieurs causes pour lesquelles le démon entre dans le corps, la crainte, la colère, le maléfice et les maladies de l'imagination. Quelquefois il y a un seul démon, quelquefois il y en a plusieurs, rarement toute une légion, c'est-à-dire six mille six cent soixante-six diables. Ces misérables se logent dans le cœur, parfois dans les reins, le cerveau, le poumon, la gorge, l'oreille : ils s'installent aux endroits qu'ils ont choisis, et font du corps humain leur résidence. Le démon profite de la langue du possédé pour proférer toutes sortes d'injures et de blasphèmes ; de ses bras pour s'agiter, se mouvoir en tous sens, de ses jambes pour faire des bonds étranges et des sauts capricieux. C'est aussi le propre du démon de parler plusieurs langues et indifféremment le grec, le latin, l'hébreu, voire même l'iroquois et les autres dialectes peu connus. De fait, dans le délire hystérique, l'intelligence étant surexcitée, il peut y avoir, par suite de souvenirs inconscients, des réminiscences inconnues. Tous les aliénistes ont observé des faits analogues. Cela n'avait pas échappé aux médecins du XVIe siècle. « Ceux qui ont fréquenté les malades et les fréquentent journellement trouveront vraisemblable qu'on peut parler langage étrange, comme grec, latin, allemand, hébreu, encore qu'on ne soit possédé d'aucun malin esprit. Cela peut procéder des humeurs si véhémentes que sitôt qu'elles sont enflammées, la fumée d'icelles étant montée au cerveau, fait parler un langage étrange comme nous voyons aux ivrognes » (Louys Guyon cité par Simon Goulard). Un si grand bon sens était rare, et on resta convaincu jusqu'au milieu du XVIIe siècle que lorsque un malade dans son délire parlait en un langage étranger, c'était le démon qui se servait de la langue du malheureux possédé.

L'approche de l'huile sainte ou d'un objet sacré fait hurler et vociférer les diables ; ce sont des scènes de cette nature que représentent souvent les tableaux des maîtres italiens des XVe et XVIe siècles. Quelquefois cependant l'esprit malin est plus patient et supporte en silence l'approche des sacrements. Un jour, dit Sprenger, un prêtre possédé du démon fut exorcisé. L'exorciste demanda au démon comment il lui était possible de rester dans le corps du possédé pendant la sainte communion. C'est, dit le démon, que je me cachais sous sa langue. Et le malin ajoute en manière de satanique raillerie : Est-ce que, pendant qu'un saint homme passe sur un pont, un méchant ne peut pas se cacher sous les arches ?

Quand l'exorciste arrive en présence d'un possédé, il doit observer strictement certaines règles pour l'indication desquelles je me contenterai d'énumérer quelques-uns des chapitres du manuel de l'exorciste. Est-il permis d'exorciser quelqu'un qui ne présente aucun signe évident, mais seulement des probabilités d'obsession ? Est-il utile de demander au démon de quel nom il s'appelle ? Faut-il demander au démon s'il est seul ou accompagné de beaucoup de ses camarades ? Peut-on lui demander pourquoi il est entré dans le corps du possédé ? Peut-on l'interroger sur les saints qu'il faut invoquer pour qu'il parte, sur ses ennemis dans le ciel ou dans l'enfer, sur les paroles qui le feront souffrir le plus, à quelle heure, à quel jour il doit partir, où il ira pour lors, quel est son chef, si c'est un démon d'ordre supérieur, comme par exemple le grand Lucifer ? « C'est une curiosité dangereuse de demander au diable qui possède un corps d'où il vient, de quelle légion et de quel ordre de diables il est ; quels morts sont en état de grâce, quels sont les damnés, où est l'enfer, s'il est en cavernes de la terre et au centre d'icelle ; quelles peines les damnés endurent, et quelle est leur géhenne. » Il faut que l'exorciste soit toujours très prudent, car il lui arrive souvent d'être déçu et trompé par le démon. Il est bon de se servir d'injures et d'outrages quand on s'adresse au diable, de l'appeler faquin, drôle, et en particulier cuisinier de l'Achéron, mais on ne doit pas plaisanter avec lui, car ces plaisanteries coûtent souvent fort cher. A ce propos, Nider nous raconte l'histoire d'un moine de Cologne, fameux exorciste, quoique un peu trop facétieux. Un jour que ce moine exorcisait un possédé, le démon lui demanda en quels lieux il devait faire retraite ; lors le moine lui désigna certain endroit écarté, et se gaudit fort de la farce jouée au malin. Mais, la nuit, le pauvre moine, ressentant certaines importunités au bas-ventre, se rendit dans le lieu qu'il avait indiqué au démon. Or, à peine y fut-il entré, qu'il fût appréhendé à la gorge par ce démon fort irrité, et si cruellement qu'il en pensa mourir.

Les histoires de démoniaques sont extrêmement fréquentes chez les écrivains du XVe siècle. Comme elles se ressemblent toutes plus ou moins, il nous suffira d'en rapporter une avec quelques détails. Elle a d'autant plus d'intérêt qu'il s'agit manifestement d'une hystérique, et la description que nous en donne Le Loyer est assez bien faite pour établir l'identité de la possession d'autrefois et de l'hystéro-épilepsie d'aujourd'hui.

« La femme possédée étoit de la ville de Milan, de noble famille et de gens de bien. De longue main, le diable s'étoit emparé d'elle, et l'avoit tellement rendue défigurée, qu'elle sembloit plutôt un monstre qu'une femme. Sa face étoit tout effarée et crasseuse, son regard bigle et horrible, sa langue sortoit de la bouche fort longue, accompagnée parfois d'un grincement de dents, son haleine étoit puante, et le mal l'avoit rendue privée de l'usage de l'ouïe, de la vue et de la langue. C'étoit le propre habitacle du diable. Elle fut menée en l'église de Saint-Ambroise, devant saint Bernard qui y estoit. Le peuple avoit gardé espérance que la femme seroit secourue du saint homme. La foule étoit grande du peuple qui accouroit de toutes parts, et saint Bernard, d'entrée, enjoignit à un chacun de se mettre en prières et oraisons. Quant à lui, il demeura près de l'autel avec les prêtres et quelques siens religieux, et demanda que la femme lui fût présentée par ses gardes. Ce fut la difficulté de la lui présenter, car le diable qui étoit en elle y résistoit à son possible, ruant des pieds contre ses gardes, reculant en arrière, et à belles dents et coups de coude, se voulant défaire d'eux. Enfin, à quelque peine, elle est menée ou plutôt tramée à l'autel, où étoit saint Bernard, auquel de première abordée elle donna un coup de pied. Mais saint Bernard ne fit contenance de s'émouvoir de ce coup, et s'approchant de l'autel, se met à genoux et fait ses prières, aussi froid et tempéré que s'il n'eût rien vu. Ce fait, il se lève, prend la chappe et commence à dire la messe. Comme il étoit ès secrets de la messe, autant de fois qu'il signoit la sainte hostie, il se tournoit vers la femme, faisant sur elle le signe de la croix. A ces signes de la croix, le diable, contre lequel saint Bernard les apposoit, ne se sentait moins blessé et offensé que si on lui eût rué quelques vives estocades qui eussent porté, et faisoit alors de si laides et étranges grimaces, et se tempestoit en sorte au corps de la femme, qu'on voyoit manifestement qu'il enduroit. Après que saint Bernard eut élevé le corps de Notre-Séigneur, et achevé de dire l'oraison dominicale après l'élévation, il vient à la femme pour assaillir l'ennemi de plus près, et tenant la sainte hostie sur la patène du calice, et, mettant la patène sur la tête de la femme, disoit telles ou semblables paroles, parlant au diable : « Voici, esprit misérable et damné voici ton juge, voici cette grande et immense puissance. A cette heure, fais-lui résistance, si tu oses ; voici celui qui, étant près de souffrir la mort pour notre salut, dit à ses disciples que le prince du monde seroit jeté dehors. Voici ce corps qui fut créé du plus pur-sang de la vierge immaculée, qui fut étendu en l'arbre de la croix, qui fut gisant au sépulcre, qui fut ressuscité au tiers jour, et qui en présence de ses disciples monta au ciel. Et parlant au nom de ce grand Dieu et en vertu de son pouvoir qui t'est bien connu, je te commande, esprit malin, que tu sortes présentement du corps de cette servante de Dieu, et que tu ne sois si hardi d'y rentrer désormais. A ces paroles, le diable hurlait désespérément et affligeoit la démoniaque, et montroit assez que c'étoit bien malgré lui qu'il lui falloit abandonner le corps. Ce premier coup d'essai ayant été fait par saint Bernard, il retourne à l'autel et achève la messe, et après la fraction de la sainte hostie, et que le diacre eut donné la paix au peuple et congé de s'en aller, aussitôt la paix fut donnée à la femme, et le diable la quitta entièrement, confessant par la suite l'efficace et la vertu du saint sacrement de l'autel [13]. »

L'eau bénite, les cierges bénits sont puissants pour chasser les diables. — « Après l'eau bénite, il y a le cierge bénit en l'église, la vigile de Pâques, que les diables ne laissent d'avoir en horreur, comme ils oncles lampes ardentes, cierges et chandelles de l'église qu'ils ne peuvent voir, et en fuient la lumière. Beaucoup d'exorcistes, pour faire sortir les diables du corps des hommes, brûlent leurs noms dans le feu du cierge bénit. Les diables, à ce brûlement de leur nom, s'en sentent pressés et tourmentés ; ce qui se peut connaître, parce que les diables se tourmentent et tempêtent dans le corps des démoniaques, crient horriblement et disent qu'ils souffrent. L'épreuve s'en fit de notre âge en Nicole Aubry, démoniaque de Vervins, car, l'évêque de Laon exorcisant le diable qui la possédait, et brûlant son nom de Beelzébub dans le cierge de Pâques, l'on voyoit la femme se détordre, mettre son corps en boule et peloton, s'élever en l'air, tirer1 là langue hors la bouche demi-pied de long, tâcher de sortir des mains de ses gardes, et faire du visage une morgue si hideuse, épouvantable et diabolique, que le plus assuré de ceux qui assistaient au spectacle n'étoit sans avoir peur. »

N'est-ce pas là le tableau singulièrement exact d'une de ces scènes démoniaques qu'on voit à la Salpêtrière, et dont la photographie a fixé le souvenir ? D'ailleurs, ainsi que ta physionomie, le langage de Nicole Aubry est bien celui d'une hystérique. Elle malmène rudement ceux qui se présentent à elle pour l'exorciser, et on retrouve dans ses paroles l'effronterie, l'audace incroyable, que manifestent avec une promptitude et une vivacité surprenantes les hystériques aliénées. Tous ceux qui ont été apostrophés par ces malades reconnaîtront que la conversation de Nicole Aubry, ou plutôt du diable qui la possède, peut être absolument comparée à la conversation d'une hystérique [14]. Maître Louis Sourbeau, docteur en théologie, commença les conjurations, mais le diable étant monté sur les voûtes se mit à lancer des pierres sur la tête des assistant, et maître Sourbeau de déguerpir. L'archevêque de Laon, duc et pair de France, voulut tenter l'aventure. « Ah ! çà, c'est vous, monseigneur, lui dit l'esprit malin ; vous me faites vraiment trop d'honneur, et pour vous recevoir comme il convient, j'ai convoqué dans le corps de cette fille six diables déterminés. Moi et mes amis nous nous moquons de Jean le Blanc (Jean le Blanc et Janicot sont les noms que le diable donne à Jésus-Christ). Je vous ferai cardinal et pape si vous parvenez à me chasser. En attendant, allez dormir, vous avez trop bu en dînant. » Les réformés viennent à leur tour. « Je suis serviteur du Christ, dit le pasteur Tournevelles. — Serviteur du Christ ? reprend Satan, mais en vérité tu t'abuses, Tournevelles ; tu es pis que moi. » — Heureusement la Vierge, plus puissante que les prêtres réformés ou catholiques, somma Satan de partir. Celui-ci dut obéir, mais en quittant Nicole Aubry, il alla, pour se venger, briser toutes les fleurs du jardin de l'évêché. Il partit ensuite pour Genève, où l'appelaient les intérêts de la réforme.

Pour chasser le diable, on peut employer des remèdes médicaux. A la vérité, ces procédés sont souvent insuffisants. Nicolas Myrepse, médecin grec et chrétien, donne la recette d'un suffiment ou fumée propre à chasser l'esprit immonde. Ce suffiment est composé de barbue en poivrette, de semence d'agnus castus, corne de cerf, graine de laurier, absinthe, bitume ou goudron de Judée, marjolaine d'Angleterre, cumin éthiopique, anis, castoreum, garipot ou ongle odorant, gagate, résine de cèdre et poix liquide. D'autres auteurs affirment que le démon se gaudit lorsque le corps est infecté par l'atrabile, et que par conséquent il est opportun d'administrer des purgations qui chassent cette atrabile. Les sons de la musique sont propres à faire fuir les démons, et, si on n'en pénètre pas la vraie cause, c'est qu'on est bien peu perspicace. « Les diables ne peuvent prendre récréation en la musique, car les tourments, les feux perpétuels, le désespoir, ne donnent loisir aux diables de reposer. » Si les circonstances sont graves, il n'est pas besoin d'être prêtre pour exorciser ; le premier venu, pourvu qu'il soit animé de bonnes intentions, peut remplir cet office. Au besoin même, les femmes sont exorcistes. Une religieuse délivra un démoniaque par sa seule parole : « C'était un paysan venu en l'abbaye où était la religieuse pour lui apporter la pension que son père lui donnait tous les ans. Et le paysan ne fut sitôt en présence de la religieuse que le diable n'entra en son corps et ne le tourmenta bien âprement. La religieuse connut aussitôt que c'était le diable, se leva du lieu où elle était, et, toute courroucée et émue, s'adressa au diable avec grande clameur : Sors de cet homme, esprit misérable et damné, sors ! A cette voix, le diable répondit par la bouche du patient : Et si je sors, où est-ce que je me retirerai ? Or, à l'heure que le diable parlait, passait un petit cochon de lait ; la religieuse dit au diable qu'il entrât en ce cochon, et aussitôt le diable, obéissant, quitta le paysan et entra dans le cochon qu'il étouffa. »

En général, l'exorciste doit être un prêtre. Si le malade est depuis longtemps possédé du démon, il est nécessaire de procéder avec solennité. C'est ce qu'on appelle la procession. L'évêque, revêtu de ses habits sacerdotaux, arrive devant le possédé : on brûle une image diabolique qu'on a apportée à cet effet, et, avec force prières et formules, on finit par chasser le démon. Voici une de ces formules d'exorcisme. Comme il y en a plus de mille, on comprendra qu'il est impossible de les reproduire toutes : « O toi, homicide, réprouvé, diable, esprit immonde, tentateur, menteur, faussaire, hérétique, ivrogne, insensé, je te conjure par Notre-Seigneur que tu as tenté à sortir sur-le-champ de ce corps humain ; abîme-toi dans la profondeur des mers, ou perds-toi parmi les arbres stériles, ou dans les lieux déserts que nul chrétien n'habite, que nul homme ne peut aborder, afin d'être consumé par la foudre céleste. Va, serpent maudit, pars, hâte-toi, et en quittant cette créature de Dieu, ne lui fais aucun mal, ni à elle ni à aucune autre, mais enfonce-toi dans les profondeurs de l'enfer jusqu'au jour du dernier jugement. » Qu'il est préférable, le bon sens de Jean Wier ! Il raconte l'histoire d'une bourgeoise flamande qui, allant à la messe avec sa servante, vit la donzelle, pendant qu'on chantait le *Gloria* en allemand, prise d'une attaque démoniaque terrible. Mais la digne matrone ne se troubla pas, et, rentrant chez elle, administra quelques vigoureux coups de verge à sa servante, ce dont l'autre incontinent guérit. Wier raconte cette histoire avec une satisfaction qu'il ne déguise pas. Il aurait pu citer aussi le fait de saint Grégoire, qui guérit un démoniaque en lui donnant un violent soufflet.

Quelquefois cependant les brûlements de cierges, la musique, les formules, les processions demeurent vaines ; plus l'exorciste redouble ses prières, plus le possédé s'agite en contorsions et blasphèmes. Cette perversité et cette puissance du diable consternent le pauvre Sprenger. « Hélas ! seigneur, dit-il, tous tes jugements sont justes. Mais qui délivrera ces pauvres possédés, hurlant dans de continuelles douleurs ? C'est le malin, qui, par punition de nos péchés, est plus puissant que nous. Puisque par des exorcismes licites nous ne savons combattre ses effets pernicieux, il ne nous reste plus qu'une seule ressource, c'est de châtier plus cruellement les sorcières qui l'ont amené. »

Voilà le suprême moyen, voilà la panacée merveilleuse. Comme le diable ne peut être atteint directement, il faut agir sur ceux qui ont fait pacte avec lui, sorciers, sorcières, lamies, gaias, stryges, nécromanciens, magiciens, vampires. De là toute une procédure, barbare, terrible, expéditive, dont on ne peut lire le récit sans frémir, surtout quand on songe que, parmi les accusés, il n'y avait que des innocents. D'abord il y a les indices. Avant d'être traîné devant le juge, il faut qu'il y ait présomption de sorcellerie. C'est peu de chose que ces indices. Il suffit d'un ou deux témoins. Celui-ci déclare que son champ est ravagé par la grêle et les insectes, alors que le champ de sa voisine est intact et produit de beaux fruits. En faut-il plus pour que le maléfice soit prouvé ? Cette femme a des cheveux noirs, et on ne la vit jamais pleurer ; de plus elle est belle. Autant de preuves pour qu'elle se soit donnée à Satan, car le diable aime les femmes qui ont de longs cheveux et un beau corps. Puis il y a le nom : sorcellerie damnable que de s'appeler Verdelet, Joly-Bois, Saute-Buisson, Verdure, Esprit familier, Blanc démon, tous noms maudits, qui sont ceux du diable. A la vérité, Del Rio réprouve ces indices qu'il estime insuffisants. Un des indices les plus graves, c'est d'être fille de sorcière. L'âge n'a pas d'importance. Les jeunes sorcières sont aussi instruites que les vieilles, car c'est Satan qui leur donne la science. Un jour, raconte Sprenger, un villageois qui se promenait dans les champs avec sa petite fille âgée seulement de huit ans, voyant l'aridité de la campagne, s'écria qu'il voudrait bien avoir de la pluie ; alors l'enfant lui dit naïvement qu'elle était capable de faire tomber la pluie. « Comment cela ? lui dit le père étonné. — C'est, dit la petite, ma mère qui me l'a appris ; elle m'a menée à un maître qui m'a donné pouvoir de faire tomber l'eau du ciel quand je voudrais. » Ce disant, elle prit un peu d'eau dans un torrent voisin, et la jeta en invoquant l'appui du démon. Aussitôt la pluie inonda la campagne. Le père terrifié retourne chez lui, et mène sa femme devant le juge. La malheureuse avoue, et est brûlée ; quant à l'enfant, elle eut sa grâce et fut consacrée à Dieu.

Dès que les témoins ont été entendus, et qu'il y a des indices suffisants de sorcellerie, il s'agit de se rendre maître de la sorcière à tout prix ; il faut entrer dans sa demeure, en parcourir attentivement tous les recoins, chercher s'il n'y a pas en quelque cachette des instruments de sorcellerie. Si elle a une servante, il faut emprisonner la servante, car ce témoignage peut être utile à la justice ; en tous cas, il ne faut jamais laisser la sorcière rentrer dans sa maison, car elle se procurerait ainsi des philtres à l'aide desquels elle accomplirait encore quelque nouveau maléfice. Les gens chargés de la saisir doivent l'empêcher de toucher terre, car en frappant le sol du pied, souvent les sorcières ont pu s'enlever dans les airs. Il est bon, il est même nécessaire, afin d'éviter l'effet funeste de son regard, d'entrer dans son réduit en tournant le dos. Souvent en effet les inquisiteurs ont eu à souffrir d'un maléfice dû à l'œil mauvais d'une sorcière. « Il y a des exemples, dit Sprenger, de lamies qui, en regardant en face une personne à qui elles vouloient nuire, lui ont fait subitement gonfler toute la figure, et lui ont donné la lèpre. Ce n'est pas une consolation suffisante que de pouvoir brûler ensuite cet infâme suppôt de Satan. »

Une fois que la sorcière est prise, on la jette au cachot. Et quel cachot ? Un pourrissoir, suivant l'expression énergique d'Axenfeld : « D'aucuns sont assis par un grand froid, que les pieds leur gèlent et se détachant, et s'ils réchappent, ils demeurent estropiés pour la vie ; d'autres, en l'obscurité, sans une lueur de soleil, ne savent jamais s'il fait jour ou nuit, et, parce qu'ils ne peuvent remuer pieds ni mains, ils sont mangés par la vermine et les rats. Ils sont mal nourris, joint que le bourreau et ses valets à toute heure les raillent et les injurient. Ils ont des pensées lourdes, de mauvais rêves, des frayeurs continuelles. Aussi voit-on pareilles gens, de patients, sensés et hardis qu'ils étaient auparavant, devenir moroses, impatiens, mal courageux et demi fois, et a-t-on bien raison de dire : tout prisonnier malheureux. »

Ensuite il fallait comparaître, subir les premiers interrogatoires. On devine en quoi ils consistent. Avez-vous jeté un maléfice sur le champ de votre voisin ? Avez-vous fréquenté le sabbat ? Quelle prudence, quelle sagacité il eût fallu pour déjouer les interrogatoires cauteleux du juge ? Les moindres faiblesses sont épiées ; les aveux les plus innocents deviennent de terribles révélations. On fait les demandes les plus étranges ; tous les malheurs privés ou publics qui ont frappé les habitons du village sont attribués à la pauvre sorcière, qui n'en peut mais. Voici, par exemple, un extrait de l'interrogatoire d'Arnoulette Defrasnes, dite la Royne des sorcières (15 février 1603) [15].

« Enquise de la cause de son emprisonnement,

« Répond l'ignorer.

« A elle dit qu'elle a été emprisonnée pour la réputation qu'elle a d'être sorcière. « Répond qu'on l'a emprisonnée à tort, puisqu'elle n'est telle.

« Chargée d'avoir fait quelque maléfice au fils de Marie Dusart, garçon âgé de douze ans, et qu'il en seroit décédé peu après,

« Répond qu'elle n'est Dieu pour faire mourir les gens, et qu'elle n'est sorcière, et qu'elle n'a rien fait au dit enfant.

« Chargée d'avoir pareillement ensorcelé un autre garçon plus âgé qui en a cependant été guéri par exorcisme,

« Répond n'être véritable.

« Chargée qu'elle a usé de menaces à l'encontre de Catherine Rombaud, un jour qu'elle la rencontra sur la rue, et que depuis ses menaces ladite Rombaud étoit tombée en d'étranges maladies. jusqu'à jeter des vers à queue, des chenilles et des muchoreilles, et qu'à présent elle ressent encore les effets de ces dites maladies,

« Répond n'être véritable, qu'au contraire elle vérifiera qu'elle étoit malade auparavant.

« Chargée qu'elle auroit fait caresses à un petit enfant du sieur Jean Membrée, et qu'à l'instant il seroit devenu malade, et mourut le lendemain,

« Dénie l'avoir caressé, et qu'ayant été à la dédicace (kermesse) à son village, elle a appris que l'enfant dudit Membrée étoit mort. »

Au cas où la sorcière n'avoue pas, il y a des preuves graves de culpabilité, lorsqu'elle ne peut satisfaire à tous les essais qu'on tente sur elle. L'épreuve de la balance est fondée sur la légèreté des complices du diable ; mais cette épreuve, condamnée par un certain nombre de théologiens, dut bientôt être abandonnée. Il y avait aussi l'épreuve par l'eau. En effet, une sorcière, jetée à l'eau, surnage. A la vérité, les opinions ne sont pas d'accord sur ce point ; car, suivant certains inquisiteurs, par suite de la nature pesante du démon, au lieu de surnager, les sorcières s'enfoncent dans l'eau. Cette épreuve, tentée communément en Allemagne, paraît à Del Rio sans valeur, et Wier appelle bouchers ceux qui établissent le crime d'une sorcière sur ce seul signe.

Une troisième épreuve consistait à faire un fromage de forme spéciale avec le lait de plusieurs vaches, et à le traverser ensuite avec une aiguille ; par ce fait on met à nu la trace de la griffe du diable, trace qu'il a imprimée au front de la sorcière, alors que la malheureuse a renoncé au baptême. L'épreuve du stylet avait une très grande importance. Il s'agissait de chercher si en quelques points du corps existent des parties insensibles ; en effet, le diable, lorsqu'il met sa griffe sur un corps humain, rend insensible le point qu'il a touché ; on a beau piquer, brûler cette région stigmatisée, il ne s'écoule pas une goutte de sang, et la sorcière n'éprouve aucune douleur. Alors le bourreau, pour constater cette anesthésie, enfonçait profondément des aiguilles et des stylets de fer dans le corps. L'épreuve du fer rouge, renouvelée des anciens jugements de Dieu et qui consistait à faire tenir à la main par l'accusée un fer ardent, pour savoir s'il produirait ou non une blessure, est généralement récusée. Il y a plus ; si la sorcière demande cette épreuve, c'est un signe qu'elle est protégée par le démon ; elle doit donc être véhémentement suspecte. Un des signes les plus graves, c'est l'absence de larmes « qui est une présomption bien grande, d'autant que les femmes jettent larmes et soupirs à propos et sans propos. » Les sorcières ne peuvent pleurer ; c'est une vérité connue de toute antiquité, et attestée par les auteurs les plus vénérables. Quelquefois l'accusée essaie de donner le change, et de simuler les pleurs ; mais le bon inquisiteur né doit pas se laisser abuser. Il lui est même recommandé de pratiquer une conjuration spéciale pour faire couler les larmes. L'expérience a appris que, s'il s'agit d'une vraie sorcière, plus on fait de conjurations pour appeler les larmes, moins les larmes arrivent. Il y a cependant des cas, ajoutent les inquisiteurs, où des sorcières peuvent pleurer, mais ces pleurs sont la preuve de l'astuce du démon : il ne faut pas se laisser abuser par ces apparences, mais chercher des preuves plus certaines pour les convaincre de leur crime.

Souvent aux tortures, aux interrogations, aux conjurations, aux exorcismes, la sorcière ne répond que par le silence. C'est là un maléfice grave, celui de la *taciturnité*. Ce silence absolu est un des plus redoutables obstacles que rencontre l'inquisiteur. Pour y remédier, il faut raser tout le corps de l'accusée ; car souvent le charme de taciturnité est caché entre les cheveux des sorciers. Il faut chercher s'il n'y a pas quelque part une amulette, un anneau magique : le détruire si on l'a trouvé ; choisir de préférence, pour pratiquer les interrogations, c'est-à-dire la torture, les jours de fête pendant lesquels le charme n'opère plus, allumer des cierges sacrés et essayer de faire boire à l'accusée de l'eau bénite. Si néanmoins l'accusée n'avoue pas, il est permis de lui faire de terribles menaces, de fausses promesses. Sprenger le dit explicitement. On peut assurer à la sorcière qu'elle aura la vie sauve, au risque de ne pas tenir sa promesse si elle est trop coupable. Au cas où la pauvre femme demande un avocat, le juge pourra refuser quand le crime sera évident. Si le juge l'y autorise, elle pourra chercher un défenseur ; mais quelles restrictions dans la défense ! D'abord le nom des témoins restera secret ; ensuite l'avocat sera à l'avance averti par le juge que, s'il défend une mauvaise cause, c'est à ses risques et périls, qu'il ne doit pas crier trop fort, qu'il n'ait à compter sur aucune rétribution, et qu'enfin, s'il se montre dans sa plaidoirie hérétique, ou plutôt hérésiarque, les juges aviseront. En aucun cas d'ailleurs, l'avocat d'une sorcière ne doit réclamer une autre procédure que la procédure sommaire, expéditive, des procès criminels. Il lui est interdit d'interjeter appel ou de demander un sursis. Voilà comment les droits de la défense étaient sauvegardés. Une bulle du pape Innocent VIII fait tomber cette bien faible barrière : désormais on condamnera les sorcières sans être gêné par le bavardage des avocats (*a strepitu avocatarum*)

Imaginez maintenant une malheureuse paysanne, hystérique, demi-sauvage et demi-folle, dont l'imagination malade est hantée par les visions confuses de l'ignorance superstitieuse et de la maladie. On la saisit, on la jette dans un trou noir, puis brusquement, au bout de deux ou trois jours de réclusion, on la mène dans une grande salle tapissée de hideux instruments, en présence du bourreau. Des hommes sévères sont devant elle qui lui parlent avec persistance des visions qui l'ont obsédée si longtemps ; on la dépouille de ses vêtements ; on lui rase les cheveux, on explore avec un fer aigu « tout son cuir ; » on lui parle de Satan, du sabbat, des maléfices ; on lui montre des images hideuses ; on apporte des cierges, des étoles, des crucifix, une Bible. O la maudite ! elle les rejette avec horreur ; elle se débat, crie, veut se défendre ; des convulsions de désespoir la secouent tout entière. « Misérable ! c'est toi qui as tué Pierre, c'est toi qui en souillant sur Brigitte lui as donné la lèpre. Confesse que tu leur as parlé. — Je ne suis pas une sorcière. — C'est toi qui as rendu stériles les vaches de Madeleine et le champ de Claude. Confesse que tu es sorcière. — Je ne sais pas, dit la malheureuse, hébétée. — Avoue, et on te laissera vivre, avoue, et tu ne seras pas damnée éternellement. — Je ne sais pas. » Et pendant qu'on l'interroge, elle entend le bruit des sinistres préparatifs. Voilà les chevalets, le collier, les roues, les brodequins, les fers rouges, tout l'arsenal de la méchanceté humaine. Hé ! misérable stryge, quel est ton espoir ? Que n'as-tu déclaré, que ne déclares- : tu que tu es coupable ? Suis mon conseil, dis tout de suite que tu es sorcière, dis4e, et meurs une fois plutôt que de subir mille morts [16].

Maintenant que les mœurs se sont adoucies, nous avons quelque peine à comprendre la cruauté de nos pères. Le brave Perrin Dandin, un bon homme cependant, déclare que la torture est encore divertissante.

Bon ! cela fait toujours passer une heure ou deux.

Si l'on n'a aucune pitié d'un criminel vulgaire, que sera-ce de la sorcière qui s'est vouée au diable, a rejeté le Christ et mis à mal tant de créatures de Dieu ! C'est à peine si, de loin en loin, on trouve quelque trace de miséricorde : une bulle du pape Paul III pour que la torture ne dure pas plus d'une heure ; un édit du roi Louis XII pour que la torture ne soit appliquée que si l'on a des témoignages d'autorité suffisants ; quelques conseils de prudence donnés par Del Rio, qui recommande de ne soumettre un accusé à la question qu'après avoir réuni un certain nombre de preuves. En général, on ne trouve pas trace de ce noble sentiment, la pitié pour ses semblables. « Il faut, dit Del Rio, un des moins cruels cependant, que par la torture l'accusée ne soit pas grièvement blessée, de manière à ce qu'elle puisse rester vivante, soit pour la liberté, soit pour le châtiment. » Cependant il ajoute : « Pour ce qui est du broiement des os et des articulations, il ne peut guère être évité dans la torture. » Bodin, le plus crédule de tous, est aussi le plus cruel. « En Allemagne, dit-il, ils ont une très mauvaise coutume de ne faire mourir le coupable s'il ne confesse, quoiqu'il soit convaincu de mille témoins. Vrai est qu'ils appliquent la question si violente et si cruelle que la personne demeure estropiât toute sa vie. » Ailleurs il dit : « On le fit étendre avec poulies, et tirer de telle force que les bourreaux étoient las, encore qu'on lui mît des pointes entre les ongles et la chair des pieds et des mains, la plus excellente géhenne de toutes les autres, et pratiquée en Turquie. » Il y avait deux sortes de questions, la question ordinaire et la question extraordinaire. Toute l'humanité des juges consistait à se contenter de la question ordinaire. C'est d'abord la privation prolongée de sommeil, torture actuellement encore employée en Chine, je crois, et à laquelle les plus courageux résistent difficilement. C'est ensuite la suspension par le cou ou les épaules avec des poids lourds aux pieds. Le patient étant piqué ou recevant des affusions d'eau glacée sur le dos, s'agitait, et chacun de ses mouvements redoublait sa torture. Quelquefois l'accusée était mise à cheval sur une pièce de bois triangulaire, dont l'un des angles faisait saillie, en même temps qu'on attachait un poids énorme à chaque pied. Dans *l'estrapade*, on disloquait tous les membres. Le *collier* consistait à appliquer un garrot au cou avec des cordes neuves qu'on serrait graduellement. La confession extorquée à l'aide de ces petites tortures était dite bénévole. Si elles ne réussissent pas, il faut alors avoir recours aux grands tourments. Les jambes martelées, les pieds serrés par des cordes, et des coins de bois enfoncés entre eux, les mamelles arrachées, les bras grillés, les articulations disjointes, les os brisés jusqu'à en faire *issir* la moelle.

Un moment arrive où, épuisée par la douleur, mutilée, sanglante,

la pauvre vieille fait signe qu'on s'arrête, et s'écrie : Confession !
Alors on l'entoure, le notaire (greffier) écrit soigneusement toutes
les monstruosités qu'elle avoue. C'en est fait, elle a avoué son crime.
Il n'y a plus qu'à la punir.

Le procès d'Arnoulette Defrasnes, à Valenciennes, est d'une
concision éloquente : « Ladite Arnoulette n'ayant voulu reconnoître
la vérité, Messieurs avoient ordonné à l'officier de l'appliquer à la
question du collier, pendant laquelle elle a de rechef été interrogée
comme s'ensuit :

« *Interrogats d'Arnoulette lorsqu'elle étoit appliquée à la question.*

« S'il n'est véritable qu'elle ait causé du mal à Catherine Rombaud, et fait qu'elle a jeté une infinité d'ordures, et comme des
vers à queue, des chenilles et autres semblables, voire même des
muche-oreilles, par les oreilles, et lui avoir envoyé des vermines en
telle quantité qu'elle en avoit jusqu'aux extrémités des doigts,

« Le dénie.

« Et lui ayant sur ce été liées les jambes avec cordes neuves, et
les bras fortement liés derrière le dos, assise sur la sellette avec le
collier au col, pendant quoi elle lançoit quelques cris, pressée de
rechef de reconnoître la vérité,

« A persisté en sa dénégation.

« Si elle n'a, un jour, touché le mari de la dite, de sorte que, depuis
lors, il est devenu malade, et après un languissement de huit mois
il en est décédé,

« Répond qu'il n'est véritable et ne sait ce qu'on lui veut dire.
« Chargée d'avoir les marques du diable en divers endroits de son
corps, savoir : derrière l'oreille droite et sur la même épaule, aussi
une en la cuisse,

« Répond qu'il n'est véritable, s'écriant et se lamentant hautement
pour la douleur qu'elle disoit souffrir, sans cependant jeter aucune
larme, quoiqu'elle fît mine de pleurer fortement.

« Pressée de dire la vérité,

« Persiste en ses dénégations.

« Ayant été quelque peu plus molestée par l'excitation et
renouvellement de ses douleurs, *avoue qu'elle est sorcière.*

« Enquise depuis quand, répond qu'il y a douze ou quinze ans, le diable lui apparut de nuit en forme de jeune homme, vêtu d'un habit brun, lui demandant si elle vouloit être son amoureuse. A quoi elle répondit que oui. Sur ce, qu'il lui montra plein son chapeau d'argent, et fut avec elle l'espace d'une heure pendant laquelle il lui tint les discours ordinaires aux gens amoureux… Il se retira après lui avoir donné à reconnoître qu'il étoit diable, lui disant qu'il s'appeloit Verdelet. »

A la suite de cette confession, Arnoulette fut étranglée et brûlée. Voici l'acte du jugement :

« Vu et examiné ultérieurement le procès criminellement instruit à la charge d'Arnoulette Defrasnes, ses interrogats et réponses personnelles par le soussigné lieutenant-prévost Lecomte, établies par lui, par lequel elle est atteinte et convaincue d'avoir renoncé à Dieu, à la sainte Vierge, au saint sacrement de baptême et autres, pour se faire sorcière et se vouer comme elle a fait au service du diable, passé vingt-cinq à vingt-six ans, d'avoir été plusieurs fois aux danses et assemblées nocturnes, y transportée par le diable, son amoureux, qu'elle dit avoir nom Verdelet, y commettant les abominations ordinaires des sorciers, savoir depuis qu'elle s'est vouée au Satan, avoir été plusieurs fois à la sainte communion, à dessein de lui rapporter la sainte hostie et la lui délivrer comme elle a fait, d'avoir avec de la poudre qu'il lui avoit donnée fait mourir Pasquet, après une langueur de six mois, d'avoir, par le même moyen, ensorcelé Catherine Rombaud pour la faire languir bon nombre d'années comme elle fait encore présentement… De plus, d'avoir en son retour du sabbat jeté quelquefois de la poudre sur les grains de la campagne, y fait pleuvoir ? de la grêle et envoyé des brouillards, à la sollicitation et au commandement du dit Verdelet, son amoureux, outre qu'elle se déclare la royne des sorciers, conclut à ce que, pour expiation de crimes si horribles et détestables, elle soit condamnée d'être amenée de la prison sur le marché, devant la maison échevinale, pour, sur un échafaud y dressé à cet effet, y être étranglée et billoignée (bâillonnée), et à l'instant brûlée. Ce 23 de mars 1603. »

Il est certain qu'en cherchant dans les archives communales des anciennes villes de France, d'Allemagne, d'Espagne, on trouverait des documents très curieux et très instructifs pour l'histoire de la sorcellerie. Malheureusement, peu de travaux de ce genre ont été faits encore. Aux Archives nationales, à Paris, on trouve une collection de documents relatifs à la sorcellerie pour une seule ville, Montbéliard, qui était alors ville d'empire. On sait par ces documents, qu'il serait sans doute très intéressant de publier, que la justice de l'empire sévissait sur les sorcières aussi bien que la justice du roi de France ou de l'inquisition. De 1617 à 1620, on brûle douze sorcières. Voici la formule de la condamnation de l'une d'elles, 1618 : « Le nom de Dieu premièrement invoqué, est condamnée ladite Pierrote, pour ses sortilèges, blasphèmes, apostasies et autres crimes et délits, desquels elle est suffisamment atteinte et convaincue, d'être mise en main du maître exécuteur de la haute justice, et par lui-même aux lieu et place où on a accoutumé d'exécuter les malfaiteurs en dernier supplice afin d'être brûlée vive, de son corps réduit en cendres, la condamnant aux dépens, en déclarant le surplus de ses biens confisqués au profit de son altesse. »

Le mémoire de l'exécuteur ne s'élève pas à un prix considérable, comme on peut le voir par les chiffres suivants :

« Pour les peines et salaires d'avoir mis et appliqué là feue Jappy (Richarde) à la question ; ayant été à cet effet tout exprès au Blamont où il a séjourné trois jours entiers... 9 francs.

« Encore pour les peines et salaires de M. l'exécuteur, ayant été une autre fois à Blamont à l'effet de, derechef, mettre et appliquer à la dite question la sieure Jappy... 3 francs.

« Pour ses droits et peines d'avoir brûlé et réduit en cendres le corps de la sieure Jappy... 3 francs. »

A la marge on a ajouté le mot *nihil*, et le conseil, trouvant les prix trop élevés a décidé : « A l'avenir l'exécuteur aura 4 francs pour ses dépens lorsqu'il fera des exécutions de mort et en dernier supplice, et pour ce qui est des peines du carcan, du fouet, et lorsqu'il appliquera quelqu'un à la torture, il aura 2 francs pour ses dépens. »

En somme, pour un procès de sorcellerie, tous les frais de justice et tous les droits s'élevaient, à Montbéliard, vers 1620, à 350 francs environ.

Les exécutions continuèrent encore jusqu'en 1660. Néanmoins, vers cette époque, les mœurs s'adoucissaient déjà. En 1656, pour une sorcière nommée Thibaude, la peine fut changée… « Préférant miséricorde à la rigueur du droit déclarons par manière de modération qu'elle aura la tête tranchée. » En 1654, une sorcière condamnée à être arse et brûlée toute vive, et son corps réduit en cendres, témoignant quelque repentance de ses forfaits, on l'autorise sur sa demande instante à recevoir auparavant le saint sacrement de la cène. A partir de 1660 (cette année-là, deux sorcières furent brûlées), il n'y a plus, à Montbéliard, d'exécution capitale pour crime de sorcellerie.

Oui, c'est une lamentable histoire que celle de ce passé, mais il ne faut pas en détourner les yeux avec horreur, il faut le regarder en face pour comprendre les bienfaits de la tolérance. Ce que furent l'ineptie et la cruauté d'autrefois, deux citations de Boguet, grand juge au comté de Bourgogne [17], vont nous l'apprendre (les citations en pareille matière sont plus éloquentes que les discussions) : « Le samedi cinquième de juin de l'an 1598, Louise, âgée de huit ans, fut rendue impotente de tous ses membres, de façon qu'elle étoit contrainte de marcher à quatre, et si de plus elle tordoit la bouche d'une façon fort étrange ; ce mal lui continua par quelques jours jusqu'à ce que ses père et mère, qui prirent opinion à son maintien qu'elle étoit possédée, la firent exorciser en l'église de Saint-Sauveur. Là se découvrirent cinq démons, les noms desquels étaient : Loup, Chat, Chien, Joli et Griffon, et comme le prêtre demanda à la fille qui lui avoit baillé le mal, elle répondit que c'étoit Françoise Secretain, qu'elle montra au doigt. Pour ce jour-là les démons ne sortirent point… Le lendemain matin, sur l'aube du jour, la fille se trouva plus mal que de coutume, mais enfin, s'étant penchée contre terre, les démons sortirent par sa bouche, en forme d'une pelote grosse comme un poing, et rouge comme feu, sauf que le Chat étoit noir. Les deux que la fille estimoit être morts se partirent les derniers et avec moins de violence que les trois autres. Tous ces démons étant dehors firent trois ou quatre voltes à l'entour du feu, et disparurent, et dès lors la fille commença à se mieux porter qu'auparavant. » Voilà pour l'ineptie.

Voici maintenant pour la cruauté : « Claude Jean-Guillaume, étant sur le bûcher pour être brûlée toute vive, se détacha et sauta par trois fois hors du feu, et même que le bourreau fut contraint de l'assommer avec une palanche. Antoinette Gaudillon, comme on lui eut prononcé la sentence de mort, pria par réitérées fois qu'on ne la fît point languir, ce qui fut recommandé, et néanmoins elle eut le plus de peine de mourir de six qui furent exécutées avec elles, entre lesquels étoient son père et son frère. »

Wier, le seul homme au milieu de tous ces bourreaux, ne peut s'empêcher de pousser un cri d'horreur : « Non, dit-il, ces sorcières ne sont pas des criminelles, les confessions arrachées par la torture ne sont pas des aveux sincères. Elles mentent pour échapper à d'affreuses souffrances, et avouent des crimes qu'elles n'ont jamais commis. » Honneur à Wier, qui, dans un siècle fanatique, au péril de sa vie, a défendu la cause de l'humanité ! Ses efforts ont été vains. Après comme avant lui, le sang innocent a coulé « comme de l'eau. » Mais, parmi tant d'iniquités triomphantes, ce fut le précurseur de la justice.

Notes

1.   Discours et Histoires des spectres, visions et apparitions des esprits, anges, démons et âmes se monstrans visibles aux hommes, par Pierre Le Loyer, conseiller du roy au siège présidial d'Angers ; Paris, chez Nicolas Buon, in-4°, 1605.

2.   Fr. Jacobi Sprengeri et Fr. Benrici Institoris, Inquisitorum hereticœ pravitatis, Malleus maleficarum. La première édition est de 1580. L'édition que j'ai sous les yeux, et qui est à la Bibliothèque nationale, est de 1595 ; Lyon, chez Pierre Landry.

3.   Le mot Formicarium est difficile à traduire ; on pourrait l'exprimer par le mot français fourmillement.

4.   A côté du Malleus, il faut ranger d'autres livres écrits dans le même esprit. Le Manuel des exorcistes, où l'on traite de la manière vraie, certaine, sûre de chasser les démons du corps de l'homme, de traiter les malades, de se défendre contre ses ennemis : ouvrage utile non-seulement aux exorcistes et aux prêtres, mais aux médecins, aux théologiens, aux possédés et aux malades, par le R. P. Candide Brognoli, de Bergame, professeur de théologie, de l'ordre des franciscains ; Venise, 1702. Discours sur la magie (Disquisitiones magicœ), par Martin Del Rio, de la Société de Jésus, Cologne ; chez Hemming, 1633. — Grillandus, jurisconsulte

florentin, des Sortilèges, et Jean-François Ponzinibius, des Sorcières, Francfort-sur-le-Mein, 1592. — Jacques Fontaine. Discours des marques des sorciers et de la possession réelle que le diable prend sur le corps des hommes ; Lyon, 1611. — Léon Davair, Trois Livres des charmes, sortilèges et enchantemens ; Paris, chez Chesneau, 1583. On trouvera une bibliographie assez complète des livre de sorcellerie des XVIe et XVIIe siècles à la fin du livre de Langlet-Dufresnoy. Recueil de dissertations sur les apparitions ; Paris, 1751, t. II, 2« partie, p. 255-292.

5.   Voici les titres de quelques-uns des ouvrages de Jean de Wier (Opéra omnia, chez Van den Berghe ; Amsterdam, 1650) : tes Prestiges des démons ; — Livre apologétique, ou recueil de lettres envoyées à Wier par des personnages illustres ; — de la Pseudomonarchie des démons ; — des Sorcières ; — de la Colère.

6.   Souvent réimprimée. La première édition est de 1580.

7.   Voici une de ces invocations que j'oserai reproduire, à mes risques et périls. Ioth Aglanabaroth el abiel ena thiel amasi sidomel gayes tolonia. Toutes les fois que Bodin a l'occasion de parler de formules semblables, il passe outre en tremblant, et dit : « certains mots qu'il n'est besoin d'écrire. »

8.   Œuvres complètes d'Ambroise Pure, édition de Malgaigne, 1841, t. III, page 54.

9.   C'est de là que vient le mot cauchemar.

10.   Le Monde enchanté, Amsterdam, 1694 ; 4 volumes in-12, tome I, page 162.

11.   Un seul exemple, pris entre mille, montrera que le sabbat ne peut guère être considéré que comme une hallucination pure et simple. « Quelqu'un soupçonnant sa serrante d'être sorcière, et elle le niant, il se résolut de veiller toute une nuit, et l'ayant attachée à la jambe bien serré, elle étant auprès du feu une nuit qu'elle devait aller au sabbat, tout aussitôt qu'elle faisait le moindre semblant de dormir, il l'éveillait rudement ; néanmoins le diable triompha : car elle fut au sabbat, confessa y avoir été, et lui en dit toutes les particularités confirmées par une infinité d'autres. » (De Lancre, 1610). Cet aveu doit donner à réfléchir sur les autres aveux semblables.

12.   Les caricatures du temps en font foi.

13.   Nous aurons l'occasion de revenir sur les attaques de démonomanie épidémique ; faisons remarquer seulement l'analogie de ces attaques avec celles des démoniaques modernes. La fameuse Louise Lateau, en Belgique, a aussi des visions où le démon joue un rôle. « Le démon se montrait à elle, plusieurs fois chaque nuit, sous toutes les formes hideuses ; elle était jetée à terre, rouée, disloquée, et serrée à la gorge ; une nuit, elle fut jetée violemment contre un des barreaux de sa couchette de fer. » (Les Stigmatisés, par le docteur Imbert-Gourbeyre, professeur à l'école de médecine de Clermont-Ferrand ; Paris, 1873.)

14.   Voyez Ch. Louandre, Histoire du diable dans la Revue du 15 août 1842.

15.   De la Sorcellerie et de la Justice criminelle à Valenciennes, par Th. Louise ; Valenciennes, 1861.

16.   « Il faut devant qu'appliquer la question faire contenance de préparer des instruments en nombre, et des cordes en quantité, et tenir quelque temps l'accusée en cette frayeur et langueur. Il est aussi expédient, auparavant que faire entrer l'accusée en la chambre de la question, de faire crier quelqu'un d'un cri épouvantable comme s'il était géhenne, et qu'on die à l'accusée que c'est la question qu'on donne, l'étonner par ce moyen et arracher la vérité. J'ai vu un juge qui montrait le visage si atroce et la voix ai terrible, menaçant de faire pendre ai on ne disait, que les accusés confessaient soudain, ayant perdu tout courage. ».

17.   Discours exécrables des sorciers, ensemble leurs procès, faits depuis deux ans en divers endroits de la France, avec une instruction pour un juge en fuit de sorcellerie, par Henry Boguet, grand juge au comté de Bourgogne ; Rouen ; chez Romain de Beauvais, in-12, 1603.

II. LES PROCÈS DE SORCIÈRES ET LES ÉPIDÉMIES DÉMONIAQUES. [1]

Après avoir exposé les opinions et les mœurs des hommes du moyen âge, relativement aux sorcières et à la possession démoniaque, il nous faut arriver à l'histoire des grands procès de sorcellerie. Dans cette étude, ce ne sont plus les traités de théologie démoniaque ou les discours sur les spectres qui nous serviront d'appui. Nous avons les témoignages des contemporains, les relations écrites et les mémoires. On pourra ainsi, mieux que par des généralités vagues, apprécier en toute connaissance de cause les croyances superstitieuses d'autrefois. Bien des points que nous n'avons pu traiter qu'incomplètement seront éclaircis, et la relation qui existe entre l'hystérie et la sorcellerie apparaîtra en pleine évidence. Ceux qui se plaisent parfois à nier le progrès comprendront que le paradoxe est insoutenable. Nous considérons comme iniquité ce qui passait pour justice, et comme cruauté barbare ce qui était légitime répression. Les mœurs et les idées ont changé à ce point que nous avons quelque peine à nous défendre d'une certaine indignation contre les magistrats du XVIIe siècle. Gardons-nous cependant d'apporter dans nos appréciations une passion trop grande. Les erreurs que les juges du temps passé ont commises furent des erreurs universelles, et dont tout le siècle est responsable. Nous, qui jugeons les juges, soyons plus pitoyables qu'eux, et sachons les traiter avec plus d'équité et de clémence qu'ils ont traité les sorcières.

Une des plus illustres sorcières est Jeanne d'Arc. Quoique quatre siècles aient passé sur ce grand souvenir, il est encore vivant dans la conscience nationale. Prise à Compiègne par trahison, puis vendue aux Anglais, ses ennemis, l'héroïque jeune fille est amenée à Rouen, et, après quelques semaines de dure réclusion, elle comparaît devant un tribunal de juges ecclésiastiques et de docteurs en théologie, soigneusement choisis pour la condamner. Le cardinal anglais Winchester, l'évêque de Beauvais, Cauchon, sont les deux ennemis acharnés de la Pucelle : l'un est animé par je ne sais quel fanatique patriotisme ; l'autre est poussé par une furieuse ambition. D'abord le procès est fait à Jeanne pour cause de sorcellerie. A quoi en effet peuvent être dues tant d'éclatantes victoires, sinon au diable, qui, par l'intermédiaire de cette sorcière, a entrepris de chasser les Anglais de France ? Mais les réponses naïves, simples, profondes, de Jeanne déroutent les juges. Ils vont alors chercher du renfort auprès de l'Université de Paris. La réponse ne se fait pas attendre. La faculté de théologie décide que la Pucelle est livrée au diable, impie envers ses parents, altérée de sang chrétien, etc. Cependant ce procès abominable était si inique que les juges n'osaient pas prononcer. Warwick est envoyé tout exprès par le roi d'Angleterre pour faire hâter le procès. Les Anglais avaient peur : ils tremblaient devant cette pauvre prisonnière qui les avait fait fuir si souvent. A tout prix il faut en finir. On use d'une fourberie infâme pour faire reprendre à Jeanne l'habit d'homme, et c'est la plus grave accusation qu'on ait pu porter contre elle. On la déclare hérétique, relapse, apostate, idolâtre, on lui rappelle ses crimes, *schisme, idolâtrie, invocation de démons*, et on la condamne à être brûlée vive (1431). A vrai dire, le crime de sorcellerie n'est là que pour la forme. Le vrai crime de Jeanne est d'avoir chassé les Anglais et sauvé la nationalité française. Cependant les écrivains ecclésiastiques du temps, soit français, soit anglais, ont été unanimes à admettre que Jeanne était réellement possédée du démon. Le dominicain Nider raconte une conversation qu'il a eue avec maître Nicolas Amici (Midy), licencié en théologie, lequel avait été délégué par l'Université de Paris auprès du tribunal de Rouen. Jeanne avait avoué qu'un ange de Dieu conversait familièrement avec elle. Or, au dire de tous les plus savants théologiens, cet ange ne pouvait être que le malin esprit. Aussi Jeanne était-elle une véritable magicienne, prédisant l'avenir, et c'est comme magicienne qu'elle a été brûlée. A ce propos, Nider rapporte un fait, assez peu connu en général, c'est que, quelque temps après la mort de Jeanne d'Arc, deux jeunes filles de Paris répandirent le bruit qu'elles étaient envoyées par Dieu pour continuer l'œuvre de la Pucelle d'Orléans. Mais bientôt on s'empara d'elles, et on les accusa de magie et de sortilège. Les docteurs de théologie qui les examinèrent eurent bientôt là preuve qu'elles avaient été abusées par le démon. L'une de ces malheureuses femmes fut brûlée vive, l'autre, s'étant repentie, et ayant reconnu que son inspirateur était Satan, et non un ange de Dieu, fut épargnée.

A partir de cette époque, jusqu'au milieu du XVIe siècle, il y a peu de sorcellerie en France. En revanche, il y a beaucoup de loups-garous [2]. Il faut joindre aux sorciers les loups-garous, car ils se ressemblent fort. Quelquefois le loup-garou est le diable, quelquefois c'est un véritable loup, ensorcelé par Satan. Mais le plus souvent c'est un sorcier qui se change en bête, et court la campagne sous cette forme pour faire plus de mal aux chrétiens. Les vieux auteurs français parlent avec terreur des loups-garous ou garwalls qui dévorent les enfants.

Hommes plusieurs garwalls devinrent :

Garwall, si est beste sauvage ;

Tant comme il est en belle rage,

Hommes dévore, grand mal fait,

Es grands forêts converse et vait.

Les aliénistes ont donné un nom à cette variété de délire. Ils ont appelé *lycanthropes* (loups-hommes) les malheureux qui s'imaginent être changés en bêtes. Dans ces siècles d'ignorance et de misère, la lycanthropie était épidémique. Plusieurs s'imaginaient être couverts de poils, avoir pour armes des griffes et des dents redoutables, avoir déchiré dans leur course nocturne des hommes et des animaux, et surtout des enfants. Quelques lycanthropes ont été surpris en pleine campagne marchant sur leurs mains et sur leurs genoux, imitant la voix des loups, tout souillés de boue et de sang, et emportant des débris de cadavres.

Lorsqu'on soupçonnait qu'un loup-garou errait aux environs du village, on préparait une sorte de battue générale, afin de le saisir et de le tuer. Calmeil, dans son livre sur la folie épidémique, livre si riche en documents exacts, nous donne un arrêt du parlement de Dôle relatif à la chasse aux loups-garous (1573).

« Sur l'avertissement fait à la Cour souveraine du parlement à Dôle, ès territoire d'Espagne, etc., que se voyoit et rencontroit souvent un loup-garou, comme on dit, lequel avoit déjà pris et ravi quelques petits enfants sans que depuis ils aient été vus ni reconnus, et s'étoit efforcé d'assaillir aux champs aucuns chevauchiers... Icelle Cour, désirant obvier à plus grand inconvénient, a permis et permet aux manants et habitans desdits lieux et autres, de, nonobstant les édits concernant la chasse, eux pouvoir assembler, et avec épieux, hallebardes, piques, arquebuses, bâtons, chasser et poursuivre ledit loup-garou par tous lieux où ils le pourront trouver et prendre, lier et occire, sans pouvoir encourir aucune peine et amende. »

Quelque temps après (1574), le parlement de Dôle faisait brûler ce malheureux fou, nommé Gilles Garnier, qui courait à quatre pattes dans les forêts et dans les champs, et qui mangeait les petits enfants, « même le vendredi, » ajoute naïvement l'arrêt.

Le plus souvent la lycanthropie ne sévissait pas sur un seul individu. Mais plusieurs habitants d'une même contrée étaient sujets en même temps à ce genre de folie. Dans le Jura, là où Boguet fit une si terrible justice, il y avait beaucoup de loups-garous, de sorte que presque tous les sorciers s'imaginaient être changés en loups, courir pendant la nuit à travers champs, déterrant les cadavres, courant sus aux petits enfants, et s'accouplant avec les louves.

Le loup-garou est différent du loup en ce que son pelage n'est pas au dehors, mais entre cuir et chair (Simon Goulard). « Il va aussi vite que le loup, ce qui ne doit être trouvé incroyable, car ce sont les efforts du mauvais démon qui les façonnent à la guise des loups. En marchant, ils laissent sur la terre la trace de loups. Ils ont les yeux affreux et étincelants comme loups, font les ravages et cruautés des loups, étranglent chiens, coupent la gorge avec les dents aux jeunes enfants, prennent goût à la chair humaine comme les loups, ont l'adresse et résolution à la face des hommes d'exécuter tels actes. Et quand ils courent ensemble, ils sont accoutumés de départir de leur chasse les uns aux autres. S'ils sont saouls, ils hurlent pour appeler les autres. »

Laissons ces fables. Les loups-garous étaient de pauvres aliénés, vivant comme des sauvages, dans les bois, dans les champs. N'a-t-on pas, il y a quelques années à peine, trouvé dans un département français un individu vivant à la manière des bêtes au fond des bois, complètement nu, inoffensif en somme ; mais inspirant une certaine terreur superstitieuse aux habitants des villages voisins qui ne le connaissaient que par ouï-dire ou pour l'avoir aperçu de loin ? Au XVIe siècle, alors que l'ignorance était profonde, alors que les forêts étaient incultes, et les champs en friche, ces hommes sauvages, des fous assurément, qui poussés par une étrange démence se croyaient changés en bêtes, n'étaient pas rares. De

Lancre, qui a vu un de ces loups-garous condamné par le Parlement de Bordeaux, décrit ainsi la physionomie de ce malheureux : « Je trouvai que c'était un jeune garçon, de l'âge environ de vingt à vingt et un an, de médiocre taille, plutôt petit pour son âge que grand ; les yeux hagards, enfoncés et noirs, n'osant quasi regarder le monde au visage. Il étoit aucunement hébété et fort peu spirituel, ayant toujours gardé du bétail. Il avoit les dents fort longues, claires, larges plus que le commun, et aucunement en dehors, les ongles aussi longs, aucuns noirs depuis la racine jusqu'au bout, et on eût dit qu'ils étoient à demi usés et plus enfoncés que les autres. Ce qui montre clairement qu'il a fait le métier de loup-garou, et comme il usoit de ses mains, et pour courir et pour prendre les enfants et les chiens à la gorge, il avoit une merveilleuse aptitude à aller à quatre pattes, et à sauter des fossés comme font les animaux de quatre pieds. Il me confessa aussi qu'il avoit inclination à manger de la chair de petits enfants parmi lesquels les petites filles lui étoient en délices, parce qu'elles sont plus tendres. »

Ce pauvre Jean Garnier, un simple d'esprit, comme on voit, fut condamné à une réclusion perpétuelle, mais il mourut l'année suivante.

A la fin du XVIe siècle, les épidémies de démonomanie, et par conséquent, les exécutions redoublent. Il y en a en Alsace (1541), à Cologne (1564), en Savoie (1574), à Toulouse (1577), en Lorraine (1580), dans le Jura (1590), dans le Brandebourg (1590), en Béarn (1605) [3].

Ces épidémies de sorcellerie n'étaient que des épidémies de folie. Nous reviendrons tout à l'heure sur ce qu'il faut entendre par folie épidémique. Constatons seulement qu'on en faisait une terrible justice. — « Les sorciers que le sénat de Toulouse eut à juger en 1577 étaient à eux seuls plus nombreux que tous les accusés non-sorciers qui furent déférés à la justice locale pendant l'espace de deux ans. Beaucoup d'entre eux eurent à subir des peines plus ou moins graves ; près de quatre cents furent condamnés à périr au milieu des flammes, et, ce qui n'est pas fait pour exciter une médiocre surprise, presque tous portaient la marque du diable. » (Grégoire de Toulouse).

En Savoie, à peu près à la même époque (1574), on brûla beaucoup de sorciers. Lambert Daneau [4], qui nous raconte brièvement leur histoire, nous dit qu'en un an on brûla plus de quatre-vingts sorciers dans la seule ville de Valéry. Il ne nous dit pas combien on en fit périr pendant ce temps dans les autres villes ; mais on peut supposer qu'il en fut exécuté un grand nombre. « En Savoie, on les appelle Eryges, du mot Erinnis, comme je crois, qui signifie diablerie, furie infernale et envie de tuer quelqu'un ; combien que quelques-uns aiment mieux les appeler Iriges, du mot grec lynx, qui signifie certaines espèces d'oiseaux hideux et effroyables, qui vont seulement de nuit, comme font ces sorciers quand ils vont en leur synagogue. »En général, ces sorciers étaient de pauvres pâtres : « si épais qu'on ne les peut dénicher quoiqu'il s'en fasse une diligente perquisition, et une plus rigoureuse justice. » D'ailleurs ils ne se recrutaient pas seulement parmi les gens du peuple, mais encore « parmi les gentilshommes, damoiselles, gens savants et qui ont bruit d'avoir bien étudié. » Daneau ajoute que la sorcellerie est en Savoie un mal très ancien, et que depuis Irénée ce pays est fameux par ses sorciers. Nous avons assez insisté sur les procès, faits aux sorcières pour ne pas revenir sur ceux de Savoie. C'est toujours le même délire, la même confession de visions fantastiques, de diables noirs, blancs, verts, baillant des poudres magiques, avec la torture et le bûcher pour épilogue.

Les procès de sorcellerie en Lorraine (1580-1595) nous sont connus par le livre de Nicolas Rémi [5]. Nicolas, ainsi qu'on peut le voir par le seul titre de son livre, n'est pas doux pour les sorcières. Comme tous ses contemporains, il est d'une crédulité admirable. Il croit au diable, et il a de bonnes raisons pour y croire ; car pendant sa jeunesse, comme il passait sa nuit à jouer avec ses camarades à Toulouse, un démon s'amusait à leur jeter des pierres aux jambes, et les incommodait fort. De vrai, ce démon n'était pas des pires, car, s'il était importun, au moins ne faisait-il aucun mal. Rémi en conclut que le diable est partout, dans les temples les plus saints, dans les cellules des anachorètes, au milieu des saints conciles. A force de croire au diable, on finit par ne plus croire à Dieu.

En Lorraine, Rémi retrouva le démon. Cette fois il s'agissait de le combattre, et on peut être assuré que Rémi ne s'en fit pas faute. Les moindres indices lui servent pour retrouver la trace de Satan. Un jour, Catherine souffle sur un charbon allumé près du visage de

Lolla, qui était enceinte. Par ce maléfice, Lolla ressentit aussitôt les douleurs de l'enfantement et put à peine rentrer au sien domicile devant que d'accoucher. Catherine est prise et brûlée comme sorcière. — Jeanne prend une coquille d'escargot et la réduit en poudre ; cette poudre fait mourir tous les moutons de Barbara. Sur ce point Rémi disserte fort savamment. Cette poudre était-elle nuisible en elle-même ou par l'intention de nuire ? En fut-il comme de cette fontaine de Dodone, dont parle Pline, où les flambeaux éteints s'allumaient et où s'éteignaient les flambeaux allumés ? Le savant conseiller de Lorraine restant indécis, il nous est bien permis de ne pas résoudre la question. Des voyageurs s'égarent la nuit, et ne peuvent retrouver leur chemin, c'est la vieille femme qu'ils ont rencontrée tout à l'heure qui leur a jeté un sort. Ce qui préoccupe surtout Rémi, ce sont les effets des poudres magiques sur la santé. Il s'étend avec complaisance sur ce sujet, cherchant des exemples chez les anciens, parmi lesquels il a surtout lu et relu *l'Ane d'or* d'Apulée, et il prend pour argent comptant la fantaisie du romancier latin. Que les maladies aient une cause naturelle, simple, voilà ce que Rémi ne saurait admettre. En cherchant bien, on finit toujours par découvrir une sorcière. Un paysan est blessé par une épine, c'est une sorcière qui envenime le mal. Le mal guérit, c'est que la sorcière a eu peur. Un jeune enfant, debout près de la fenêtre, tend le bras pour prendre un nid d'oiseaux : il tombe et meurt des suites de sa chute. N'y a-t-il pas évidemment de la sorcellerie ? Le pis de toutes ces sottises, c'est qu'elles se terminent toujours par un bûcher allumé.

La sorcière qui avait fait tomber l'enfant par la fenêtre était une vieille mendiante qu'on appelait l'ânière. On la prend, on l'interroge, on la torture. Pendant qu'elle est ainsi soumise aux horreurs de la question, la pauvre folle, les cheveux hérissés et la stupeur dans les yeux, regarde fixement un des angles de la salle : « C'est le démon, dit-elle, mon petit maître (*magistellus*), qui me regarde. Il a l'aspect féroce ; ses doigts sont crochus et bifurques comme ceux des crabes ; sur son front s'élèvent deux cornes toutes droites, » En vain Rémi, effrayé ; écarquille les yeux pour découvrir Satan : il ne peut rien voir. L'astuce du diable fut telle qu'il ne se montra qu'à l'ânière sa complice. Une si méchante sorcière devait être brûlée : elle le fut en effet.

II. LES PROCÈS DE SORCIÈRES ET LES ÉPIDÉMIES DÉMONIAQUES.

Parmi les femmes qu'on brûlait, les unes étaient folles, les autres hystériques. A ce titre, la marque du diable, c'est-à-dire l'anesthésie, était le plus souvent constatée. On faisait cette recherche avec d'autant plus de soin que c'est l'indice le plus grave de sorcellerie, et qu'aucune confession ne vaut la trace de la griffe de Satan. Rémi remarque avec raison que l'insensibilité est souvent accompagnée d'anémie. On a beau piquer et couper la peau où le diable a mis sa griffe, c'est à peine s'il s'écoule quelques gouttes de sang, tandis que, tout autour de la marque diabolique, le sang, dès qu'on a fait une plaie, jaillit abondamment. Enfin l'anesthésie n'occupe que la peau, les parties profondes restent sensibles.

Pour échapper aux douleurs de la torture ou du bûcher, certaines prisonnières essaient de se tuer (rien de plus commun que le suicide dans la folie et dans l'hystérie). Souvent ces desseins aboutissent, grâce à la protection du diable : quelquefois au contraire la tentative de suicide avorte, Dieu dans sa clémence permettant que les infâmes sorcières soient brûlées. Il est encore un autre moyen de se soustraire aux douleurs de la question, c'est de se graisser le corps avec des onguens diaboliques et des poudres maudites (contenant probablement de la mandragore ou de la belladone). Il peut même arriver que des geôliers infidèles vendent ces graisses aux accusées. Elles supportent ainsi plus facilement la douleur, ce dont Rémi, naturellement, prend grande indignation. Il s'étonne surtout de voir certaines femmes envahies, pendant qu'on leur fait subir la question, par une sorte de léthargie avec une insensibilité complète. Il est probable que cette léthargie diabolique n'était que la fin de l'attaque démoniaque, analogue à celle que nous avons décrite dans la première partie de cette étude.

A la fin de son livre, Rémi s'indigne contre ceux qui seraient tentés d'être indulgents pour les sorcières. Malheur à ceux qui veulent amoindrir le châtiment d'un crime si horrible et exécrable, alléguant pour excuse l'âge, le sexe, l'imprudence ou la frayeur des criminelles ! « Tant d'impiétés, de maléfices, de monstrueuses passions, ne peuvent être justement punies que si l'on emploie tous les tourments d'abord et le bûcher ensuite. »

Sur l'épidémie de sorcellerie du Jura, nous avons, par Boguet, qui malheureusement eut à juger beaucoup de sorciers dans cette contrée, des détails assez précis. Boguet, comme tous les contemporains, et plus spécialement les magistrats, croit aveuglément aux démons et à leur puissance. Cette puissance n'a pas de limite. « Il n'y a théologien qui puisse mieux interpréter la sainte Écriture qu'eux ; il n'y a jurisconsulte qui sache mieux que c'est des testaments, des contrats et des actions ; il n'est médecin qui entende mieux la composition des corps humains et la vertu des cieux, des étoiles, des oiseaux, des poissons, des arbres, des herbes, des métaux et des pierres. » Le diable peut tout. Voilà son axiome fondamental : voilà la base inattaquable de tous ses jugements. Aussi, plus une accusation est absurde, plus elle paraît vraisemblable au grand juge. Il raconte très sérieusement l'histoire d'une pomme placée sur la margelle d'un pont, et de laquelle sortait un bruit et tintamarre si grand que l'on avait horreur de passer par là ; heureusement quelqu'un, plus hardi que les autres, prit un long bâton et jeta la pomme dans le lac. Pourquoi cette pomme était-elle si bruyante ? c'est que, depuis la faute d'Eve, la pomme est un fruit cher au diable, et des sorciers avaient placé celle-là sur le pont afin de mettre à mal quelque chrétien.

C'est à Saint-Claude, dans le Jura, à quelques lieues de Ferney, que les sorciers avaient machiné leurs trames : c'est là que Henri Boguet tint assises de justice. Quelle justice, grand Dieu ! Il suffit, pour être édifié sur son compte, de relire la citation que nous avons faite précédemment. Françoise Secrétain, accusée par un enfant de huit ans, possède un chapelet dont la croix n'a que trois côtés ; d'où l'on tire un indice contre elle. Elle ne pleure pas pendant que le juge lui parle ; l'indice est plus grave encore. Elle a les yeux penchés contre terre pendant qu'on l'interroge ; assurément cela est grave, car elle se consulte à Satan sur ce qu'elle doit répondre au juge qui l'interroge. Enfin on lui coupe les cheveux ras : elle est terrifiée, et avoue tous ses crimes : 1° qu'elle avait baillé cinq démons à Louise Maillat ; 2° qu'elle s'était dès longtemps baillée au diable et que le diable avait la semblance d'un grand homme noir ; 3° que le diable… 4° qu'elle avait été une infinité de fois au sabbat, et qu'elle y allait sur un bâton blanc ; 5° qu'étant au sabbat, elle y avait dansé, et battu l'eau pour faire la grêle ; 6° qu'elle et Gros-Jacques Bocquet avaient fait mourir Louis Honoré d'une poudre que le diable leur avait baillée !

Voilà déjà deux coupables. Avec une louable persévérance,

Boguet finit par en trouver d'autres. Thiévenne Paget, gardant des vaches aux champs, en perdit une ; comme elle se déconfortait, Satan s'adressa à elle et la gagna. Il en fit de même à Georges Gaudillon, qui se contristait de ne pouvoir conduire certains bœufs. Pierre Gaudillon, fâché de ce que sa faux ne coupait si bien que celle de ses compagnons, se donna au diable [6]. Satan apparut à l'instant à lui et le gagna. Claude Gaillard ayant soufflé contre Claude Perrier, tout aussitôt celle-ci tomba malade et enfin mourut. Tous ces malheureux, des fous, selon toute vraisemblance, sont saisis, interrogés, et ils confessent qu'ils vont au sabbat, les uns sur un bâton blanc, les autres sur un gros mouton noir, tantôt encore sur un bouc, sur un cheval, et le plus souvent par la cheminée. Quelquefois on va au sabbat à pied, quelquefois on n'y va pas du tout, et on y assiste cependant. Ainsi, un jour, « un mari s'aperçoit que sa femme pendant la nuit ne souffloit ni ne pipoit. Il l'espoinçonne, et s'aperçoit avec horreur qu'elle ne sent pas. » A ce moment, le coq chante, et l'épouse se réveille en sursaut. N'est-il pas évident qu'elle revient du sabbat ? d'autant plus, ajoute judicieusement le mari, qu'il est mort du bétail à quelques miens voisins. Boguet, lui, n'admet pas qu'on puisse aller au sabbat en esprit seulement. Il semblerait alors qu'il dût conclure que cette femme n'est pas sorcière. Point du tout, c'est une sorcière, mais qui n'a pas été au sabbat.

A ces accusées on en joignit deux autres, dénoncées aussi par Françoise : Pierre Uvillermoz et Rolande Duvernois. « Cette Rolande, amenée devant le juge, se mit à japper comme un chien, roulant les yeux dans la tête avec un regard affreux et épouvantable. On jugea qu'elle étoit non-seulement sorcière, mais possédée, ce qui fut confirmé, car il lui fut impossible de prononcer le saint nom de Jésus. » On dut procéder alors, avant la punition de la sorcière, à l'exorcisme de la possédée. Le prêtre arrive, conjure le démon de lui dire son nom ; le démon, non sans difficulté, répond qu'il s'appelle Chat, qu'ils étaient deux, que son compagnon se nommait Diable. Alors se livre un combat entre le prêtre et Satan. Le prêtre s'aidait de prières et de conjurations, le diable se défendait avec blasphèmes et moqueries. C'était une chose étrange de voir comme il se servait du corps et des membres de la possédée : Tantôt elle regardait le prêtre de travers, tantôt elle lui faisait la grimace, et tordait la bouche en se moquant de lui. Enfin, le soir, un des démons sort par la bouche sous la forme d'une limace noire qui fait deux ou trois tours en terre et disparaît. Par malheur, le Chat restait encore, et celui-là fut plus opiniâtre. Le prêtre, à force d'exorcismes, finit par l'exaspérer ; de sorte qu'après force contorsions, jappements, hurlements, il se décida à quitter le corps de Rolande. Restait la sorcière, qui fut brûlée le 7 septembre 1600. « Mais comme l'on sortit cette femme hors de prison, l'air à l'instant s'obscurcit de nuées fort épaisses qui vinrent se résoudre en pluies si abondantes qu'à peine put-on allumer le feu pour la brûler. » Les autres complices du diable furent brûlées comme Rolande, mais Satan ne leur fit pas la même faveur, et aucune pluie ne tomba pour éteindre le bûcher.

Boguet, en homme prudent, n'a pas voulu laisser perdre les fruits de son expérience judiciaire, et à la fin de son livre il adresse, sous forme d'aphorismes, quelques bons conseils à ceux qui doivent juger des sorcières. Nous ne rapporterons que celui-ci : « Art. 63. Non-seulement il faut faire mourir l'enfant sorcier qui est en âge de puberté, mais encore celui qui est au bas (au-dessous de douze ans) si on reconnoît qu'il y ait de la malice en lui. Bien est vrai que je ne voudrois pas pratiquer en ce cas la peine ordinaire des sorciers, mais quel qu'autre plus douce, comme la corde. »

Vers la fin du XVIe siècle, ce ne sont plus les inquisiteurs et les prêtres qui ont la direction des procès de sorcellerie ; la justice civile, au moins en France, prend le premier rang. Bien plus, des prêtres seront accusés de sorcellerie et périront sur le bûcher. Déjà auparavant il y avait eu quelques exemples de prêtres sorciers ; le curé de Soissons, par exemple, dont parle Froissart, qui baptisa un crapaud, lui bailla l'hostie consacrée, et, pour ce, fut brûlé tout vif. Le curé de Saint-Jean-le-Petit, à Lyon, avait été brûlé en 1548 pour avoir dit et confessé qu'il ne consacrait point l'hostie quand il disait la messe afin de faire damner ses paroissiens. Bodin, et surtout de Lancre, estiment que ces châtiments sont fort justes. « Quand le prêtre s'oublie jusque-là de se dédier à Satan, la peine ne peut être assez grande. » De Lancre nous raconte l'histoire de messire Pierre Aupetit, âgé de cinquante ans, et prêtre depuis trente ans ; ce malheureux, étant accusé de sorcellerie par le sénéchal du Limousin, n'avoue rien d'abord. Mais à la torture, il confesse des choses étranges : que le diable lui apparaissait en forme de mouche, de papillon, de chat ; qu'il lui avait tourné le petit doigt, et rendu si raide qu'il ne pouvait le plier ; qu'il allait au sabbat, et lisait dans un livre imprimé avec des mots étranges qu'il n'entendait nullement. Le pauvre Aupetit, dégradé d'abord par l'évêque de Limoges, est ensuite brûlé tout vif avec force amendes.

Au commencement du XVIIe siècle, dans cette partie du pays basque français qu'on appelle le Labourd, il y eut une effroyable épidémie de démonomanie. Un seigneur de Santa-Fé, chez qui on avait fait le sabbat, et à moitié fou, alla demander assistance au Parlement de Bordeaux. Une commission royale fut donnée à deux magistrats de cette assemblée, MM. d'Espagnet et de Lancre. Mais bientôt d'Espagnet dut retourner à Bordeaux, De Lancre reste seul en face d'une multitude de sorciers, de sorcières, de démons, au milieu d'une population hostile, qui ne parle pas français, et dont il ne comprend pas la langue. Il s'acquitte néanmoins fort bien de sa tâche, puisqu'en quatre mois il parvient à faire brûler près de quatre-vingts sorcières. Il est si satisfait de son triomphe qu'il ne veut pas que le souvenir en soit perdu. C'est pour cela qu'il écrit son fameux livre sur l'Inconstance des démons, titre assez obscur, encore qu'il ait pris soin d'essayer de l'expliquer au début de son ouvrage [7]. Grâce à ce livre, on peut faire l'histoire de l'épidémie démoniaque du Labourd. Après tout l'historien paraît sincère. Michelet en parle comme d'un galantin, bel esprit, et coureur de ruelles. Ce caractère n'apparaît pas bien clairement dans le livre de de Lancre, et, à mon sens, rien ne prouve qu'il ait séduit de jeunes sorcières, comme Michelet l'en accuse un peu légèrement.

Malgré la crédulité de de Lancre et sa facilité à admettre toutes les histoires qu'on vient lui raconter, il est déjà de son siècle par une certaine indifférence pour l'autorité religieuse et les tribunaux de l'inquisition. Il parle au nom d'un principe tout différent, au nom du roi et de la loi. « Le prêtre, dit-il, perd son privilège, s'il a composé ou affiché par les carrefours quelque libelle diffamatoire, à plus forte raison, s'il est sorcier et s'il favorise les sorciers. » Malgré l'évêque de Bayonne, on saisit cinq prêtres fortement soupçonnés d'aller au sabbat. Heureusement, dit Michelet, le diable secourut les accusés mieux que l'évêque. Comme il ouvre toutes les portes, il se trouva un matin que cinq des huit échappèrent. Les commissaires, sans perdre de temps, brûlèrent les trois qui restaient. L'un de ces prêtres, nommé Bocal, n'avait que vingt-sept ans. La plus grosse charge qu'il eut contre lui fut que « sa mère, ses sœurs et toute sa famille étaient sorciers et diffamés de tout temps de ce crime. Lorsqu'il eut dit sa première messe, il avait rendu l'argent des offrandes à sa mère, en récompense de ce qu'elle l'avait dès sa naissance voué au diable, comme font la plupart des autres mères sorcières. »

On peut, jusqu'à un certain point, par le caractère des habitants du Labourd, expliquer comment une épidémie de sorcellerie put sévir parmi toute la population. De Lancre nous fait, des Basques, une description qui ne laisse pas que d'être intéressante. « Le Labourd, dit-il, est une côte de mer qui rend les gens rustiques, rudes et mal policés, desquels l'esprit volage est attaché à des cordages et banderolles mouvantes comme le vent, qui n'ont autres champs que les montagnes et la mer, autres vivres et grains que du millet et du poisson, ne les mangent sans autre couvert que celui du ciel, ni sur autres nappes que leurs voiles. Bref, leur contrée est si infertile qu'ils sont contraints de se jeter dans cet élément inquiet, logeant toute leur fortune sur les flots qui les agitent nuit et jour, qui fait que leur commerce, leur conversation et leur foi est du tout maritime. Toujours hâtés et précipités, ils se jettent presque tous à cet inconstant exercice de la mer, et méprisent le constant labeur et culture de la terre. Et bien que nature ait donné à tout le monde la terre pour nourrice, ils aiment mieux, légers et volages qu'ils sont, la mer orageuse que cette douce et paisible déesse Cérès. »

Si quelque part il y a eu un sabbat, et nous savons que la chose est fort douteuse, c'est assurément dans le Labourd, en 1609. Pour peu que l'on ne soit pas bien convaincu que les hystériques savent mentir impudemment, délirer en conservant toutes les apparences de la raison, pour peu que l'on oublie que l'hallucination d'un fou lui paraît une vérité incontestable, on s'imaginerait que le sabbat a réellement existé, tant sont précises les descriptions qu'en donnent les sorcières. « Le sabbat est comme une foire de marchands mêlés, furieux et transportés, qui arrivent de toutes parts, une rencontre et mélange de cent mille sujets d'une nouveauté effroyable, qui offense l'œil et soulève le cœur. Il s'en voit de réels et d'autres prestigieux ; aucuns plaisants, mais fort peu, comme sont les clochettes et instruments mélodieux qu'on y entend, qui ne chatouillent que l'oreille, et ne touchent rien au cœur. Les courriers ordinaires du sabbat sont les femmes : elles volent et courent, échevelées comme furies, ayant la tête si légère qu'elles n'y peuvent souffrir couverture. On les y voit nues, ores graissées, ores non : elles arrivent ou partent perchées sur un balai, ou portées sur un banc, un pauvre enfant ou deux en croupe. Et lorsque Satan les veut, transporter en l'air, ce qui n'est encore donné qu'aux plus suffisantes, il les élance comme fusées bruyantes, et, en la descente, elles fondent bas cent fois plus vite qu'un aigle ou un milan ne sauroit fondre sur sa proie. Les enfants sont les bergers qui gardent chacun la bergerie des crapauds, que chaque sorcière qui les mène au sabbat leur a donné à garder. On y voit encore de grandes chaudières pleines de crapauds et vipères, cœurs d'enfants non baptisés, chair de pendus, et autres horribles charognes, et des eaux puantes, pots de graisses et de poisons, qui se prêtent et se débitent à cette foire, comme étant la plus précieuse marchandise qui s'y trouve. Avec des chansons d'une composition si brutale et en termes et mots si licencieux et lubriques que les yeux se troublent, les oreilles s'étourdissent, et l'entendement s'enchante de voir tant de choses monstrueuses et qui s'y rencontrent à la fois. Le diable s'y représente parfois en bouc, puant et barbu, quelquefois en tronc d'arbre épouvantable, et il y paroît écartelé et comme estropiat et sans bras. Que s'il y paraît en homme, c'est un homme géhenne, tourmenté, rouge et flamboyant comme un feu qui sort d'une fournaise ardente, homme effacé duquel la forme ne paroît qu'à demi, avec une voix cave, morfondue et non articulée, mais impérieuse, brûlante et effroyable ; enfin on y voit en chaque chose tant d'abominables objets, tant de forfaits et crimes exécrables que l'air s'infecteroit, si je les voulois exprimer plus au long, et peut-on dire sans mentir que Satan même a quelque horreur de les commettre et il tient les enfants éloignés, de peur de les rebuter pour jamais par l'horrible vue de tant de choses. »

Toute cette fantasmagorie disparaît au chant du coq, sentinelle qui découvre les mauvais desseins de l'ennemi du genre humain. Voici les vers que de Lancre a faits sur ce sujet, mêlant, comme on voit, le grave au doux et l'agréable à l'utile.

Les démons courants qui se mirent

Dans les ténèbres de la nuit,

Quand du coq ils oyent le bruit,

Tout épouvantés se retirent.

C'est l'approche qui les tourmente,

Du jour, du salut, et de Dieu,

Qui fait abandonner le lieu

Aux sergents de la noire tente.

Dieu montra du coq la puissance

A saint Pierre, lui prononçant

Qu'au troisième cri de son chant

Il nieroit sa connoissance.

De là nous croyons que c'est l'heure

Que Jésus revint des bas lieux,

Quand le coq chantant si joyeux

De sa venue nous asseure.

Pour frapper de terreur Satan et ses complices, les commissaires. royaux dressent l'échafaud sur la place même où Satan tenait le sabbat. Chaque fois qu'on menait une sorcière au supplice, elle était accompagnée de toute sa famille, « de sorte qu'étant perchée au haut de la potence, elle voyoit père, mère, tantes, mari, femmes, sœurs, frères, filles, nièces, et une infinité d'autres parents, lesquels, la larme à l'œil, la convioient de se dédire. » Mais presque toutes, au moment de mourir, rétractent leurs aveux.

Cela n'embarrasse pas de Lancre. Vraiment cette rétractation est peu de chose. N'a-t-on pas des preuves plus certaines ? N'a-t-on pas surtout cette preuve infaillible de sorcellerie, le stigmate du diable ? Le commissaire du roi, dans son récit, s'étend sur la recherche de cet indice, et les détails qu'il donne ont un grand intérêt médical ; car la marque du diable, c'est l'anesthésie, c'est-à-dire la preuve de l'hystérie. Ainsi, par un étrange retour, ce qui, au XVIIe siècle, était un indice de crime est aujourd'hui une preuve d'innocence. Deux personnes aident de Lancre à découvrir le stigmate diabolique : un chirurgien étranger, qui y devint merveilleusement entendu et suffisant, et une jeune fille de dix-sept ans, nommée Morguy, à laquelle Michelet, on ne sait pas trop pourquoi, fait jouer un rôle très important dans les procès du Béarn. Le chirurgien était pour les vieilles sorcières ; on avait trouvé raisonnable « d'éteindre en lui la concupiscence que certaines explorations peuvent amener, et on lui faisait seulement voir *des charognes en vie,* si horribles, que le diable lui-même devait en avoir dégoût. » Pour constater la marque satanique, on prend une aiguille, une épingle, une alène, et on cherche par tout le corps la place où le diable a mis sa griffe. De Lancre dit que souvent cela est cruel, une espèce de *bourrelage,* mais il ne s'étend pas sur cette vaine émotion. D'ailleurs certains faits sont par lui bien observés. Quelquefois, dit-il, tout le corps est une seule marque ; fait intéressant qui montre bien qu'il y avait des anesthésies totales, et probablement aussi des hémi-anesthésies. Quelquefois, au bout de quelques jours, la marque a disparu. Quelquefois elle est toute superficielle. Souvent aussi, malgré la blessure, il ne s'écoule pas de sang. Tous ces détails sont fort exacts et concordent bien avec ce que nous savons de l'hystérie. Point de doute que, si on examinait avec les méthodes d'autrefois les pauvres malades de la Salpêtrière, on les trouverait presque toujours marquées. On pourrait ainsi décrire la forme de la griffe du diable, constater qu'elle est passagère, qu'elle va en augmentant ou en diminuant d'étendue. Pour expliquer ces irrégularités qu'il ne comprend pas, de Lancre a recours à l'explication ordinaire. « Quant aux marques des sorciers, Satan les imprime, les efface et quelquefois ne les marque pas du tout, selon qu'il reconnoît la chose lui être plus avantageuse. » Notre magistrat acquit ainsi une grande expérience, de sorte que, plus tard, lorsqu'il retourna à Bordeaux, Messieurs de la Tournelle le consultaient dans les cas difficiles. Une jeune fille de dix-sept ans avait été examinée en vain. De Lancre fut très habile : il trouva que l'œil gauche était plus hagard que l'autre, et qu'il y avait dans la pupille de l'œil un petit nuage qui semblait une patte de crapaud.

Au reste, les preuves ne manquent pas pour affirmer que les femmes, jeunes ou vieilles, examinées ou brûlées par de Lancre, étaient de véritables hystériques. Elles sont hardies, cyniques, sans pudeur, contant les circonstances les plus obscènes avec une telle liberté qu'elles semblent faire gloire de ces détails. Elles prennent un singulier plaisir à tout raconter. « Elles ne rougissent point, quelqu'impudente question ou sale interrogatoire qu'on leur fasse. »

Comme ceux qui les ont précédés, Sprenger, Boguet, Bodin, Le Loyer, les commissaires royaux au pays de Labourd sont froidement cruels, et la pitié ne saurait les émouvoir. La déposition des enfants d'une sorcière suffit pour la faire condamner. Un enfant de huit ans, et encore d'âge plus bas, marqué de marques insensibles, est un témoin fort croyable. Les enfants eux-mêmes sont punissables ; s'ils vont au sabbat, ils seront fouettés trois fois auprès du bûcher ou on brûle leurs parents ; s'ils ont fait du poison, ils seront condamnés à mort. Quant aux sorcières qui se repentent, outre qu'elles sont fort rares, il ne faut leur pardonner qu'à bon escient, c'est-à-dire après s'être assuré qu'elles ne recommenceront pas. En effet, presque toutes les sorcières repenties retournent à leur crime, de sorte qu'en général le pardon est une mauvaise mesure.

En somme, si de Lancre eut la satisfaction de faire brûler beaucoup de sorcières, il eut le regret d'en laisser échapper un grand nombre. Elles se sauvèrent en Espagne, par de la les Pyrénées. A Logrono, il y eut cinq sorcières brûlées en 1610. Mais les inquisiteurs d'alors se montrèrent plus humains que Messieurs du Parlement de Bordeaux. La plupart des sorcières d'Espagne échappèrent. Quant à de Lancre, il s'est consolé en écrivant son livre, et en vantant la supériorité de la justice du foi sur celle des gens d'église.

Après les exécutions du pays basque et de Logrono, on n'allumera plus de bûcher collectif. On brûlera isolément quelques sorciers, Gaufridi, Urbain Grandier et d'autres, mais on ne jettera pas aux flammes toute une population [8]. La sorcellerie elle-même prendra une autre forme : on n'alléguera plus les faits absurdes, invraisemblables, que Sprenger, Nider et leurs successeurs laïques admettent si naïvement. Le siècle de Descartes et de Pascal n'est pas celui de la crédulité absolue. On voit cesser le sabbat, les loups-garous, les maléfices, tous ces méfaits de Satan qui paraissent à de Lancre, en 1610, des réalités indiscutables, et pour lesquelles le bûcher est la seule punition assez forte. Désormais Satan n'a plus qu'une manière d'être, c'est la possession. Chassé du monde, il se réfugie chez les jeunes religieuses hystériques.

II est facile de comprendre la raison de cette défaite partielle. Les maléfices et les changemenst d'hommes en bêtes sont des superstitions grossières. Au milieu de toutes les balivernes qui effrayaient tant Bodin, on ne saurait trouver un seul fait vrai, palpable, évident, qu'on relate avec procès verbal et signature des autorités. Les temps se sont corrompus tellement qu'il faut maintenant à une accusation un point d'appui solide et inattaquable. Ce point d'appui, on le trouve chez les possédées. Voilà une femme qui pousse des hurlements et des cris farouches, qui se démène dans des contorsions inouïes, qui rejette, insulte, frappe les choses les plus saintes. Bien plus, ses compagnes, et généralement ses compagnes de cloître, car c'est une religieuse, font comme elle, parlent de démons qui les hantent, qui les poussent à exécuter des bonds étranges et à vociférer d'horribles blasphèmes. Voilà un fait positif qui défie toute incrédulité. Osez donc soutenir qu'il n'y a pas là un effet du diable, et que ces effrayants symptômes sont dus à une maladie du cerveau. Il faut presque arriver jusqu'à Pinel (1800) pour que la possession diabolique soit définitivement reléguée au nombre des formes de l'aliénation mentale.

Les procès de sorcellerie intentés ainsi à un seul individu ont plus d'intérêt peut-être que les procédures exercées contre toute une bourgade. Ce sont de véritables drames qui finissent, comme les drames du boulevard, après des péripéties diverses, par la mort violente, théâtrale, du principal personnage. La France a eu le privilège de ces sortes de scènes. De 1610 à 1640 ; il y a eu trois procès, inégalement célèbres, celui de Gaufridi (1610), celui d'Urbain Grandier (1634) et celui de Boullé (1638).

Quelque temps après que Romillion, protestant converti, honnête et bon prêtre, eut fondé l'ordre des ursulines, à Aix, en Provence, deux des religieuses de ce couvent furent prises de mouvements extraordinaires et d'autres symptômes merveilleux. On peut deviner que ces symptômes sont tout à fait analogues à ceux que nous avons décrits déjà, en parlant de l'hystéro-épilepsie. Conformément à la croyance générale, Romillion supposa que ces religieuses étaient possédées. Il essaya de les exorciser, mais il ne réussit pas, et les démons continuèrent à tourmenter les deux ursulines. Convaincu de son impuissance, le pauvre Romillion dut recourir à de meilleurs exorcistes. Les deux possédées, Louise Capeau et Madeleine de la Palud, fille d'un gentilhomme provençal, furent menées au couvent de Sainte-Baume, à l'inquisiteur Michaélis [9]. Michaélis, ne se croyant pas lui-même assez fort, appela un dominicain flamand, le père Domptius. Il était de Louvain, dit Michelet, il avait déjà exorcisé, et était ferré en ces sottises. Louise, plus folle que méchante, mais méchante dans sa folie, avoue qu'elle a trois diables : Verrine, bon diable, catholique, léger, un des démons de l'air ; Léviathan, mauvais diable, raisonneur et protestant ; enfin un autre, celui de l'impureté. Le sorcier qui a donné ces diables, c'est le prince des magiciens d'Espagne, de France, d'Angleterre et de Turquie ; c'est le prêtre Louis Gaufridi, alors curé de l'église des Accoules à Marseille. Madeleine, poussée par Louise et affolée de terreur, fait le même aveu. Elle reconnaît que Gaufridi a abusé d'elle par magie, et qu'il lui a envoyé toute une légion de diables, c'est-à-dire six mille six cent soixante-six [10]. Michaélis, moine, qui détestait Gaufridi, prêtre séculier [11], profite de l'occasion qui lui est offerte. Il va dénoncer le magicien au parlement de Provence. Gaufridi était soutenu par les capucins, par l'évêque de Marseille et tout le clergé ; mais le parlement et l'inquisition font cause commune et finissent par obtenir qu'on leur livre le curé des Accoules. Il est amené comme un coupable à Aix devant Madeleine de la Palud.

Sur quoi est fondée l'accusation ? Sur les visions d'une hystérique. Madeleine est folle. Ses accès démoniaques ne diffèrent en rien des accès hystéro-épileptiques de la Salpêtrière. Toutes ses accusations sont des fantaisies absurdes, de même nature que les vociférations incohérentes des filles hystériques pendant leur délire. « A l'exorcisme, dit Michaélis, Béelzébut continuoit à tourmenter Madeleine, la jetant à terre sur son ventre, puis en arrière, sur le dos, avec violence, puis jusqu'à trois et quatre fois la prenoit au gosier pour l'étrangler. Au dîner, les diables lui donnèrent la torture et la tourmentèrent par continuels mouvements de la tête jusqu'à terre ; et au souper, lui donnèrent la même torture durant une heure, lui tournant les bras et les jambes et puis tout le corps, faisant cliquer les os, et bouleversant toutes les entrailles ; la torture finie, l'assoupirent tellement qu'elle sembloit morte. »

Que Madeleine ait été séduite par Gaufridi, à qui elle avait été confiée par Mme de la Palud, sa mère, étant encore toute petite fille, cela est possible, mais non prouvé, comme le croit Michelet. Il ne faut pas tenir compte, pour charger un malheureux, des soi-disant révélations d'une hystérique. Ces révélations sont les hallucinations du délire et n'ont aucune réalité. D'ailleurs, ce n'est pas Madeleine qui accuse Gaufridi, c'est surtout Louise, qui l'appelle le prince des sorciers. « Il est plein d'iniquités. Il feint de s'abstenir de la chair, et toutefois ils se soûle de la chair des petits enfants. O Michaélis, les petits enfants qu'il a mangés, les autres qu'il a suffoqués, et puis après déterrés, pour en faire des pâtées, crient tous vengeance devant Dieu pour des crimes si exécrables. » Quant à Madeleine, dans l'intervalle de ses accès, elle est saisie d'horreur en pensant que par elle Gaufridi mourra. A plusieurs reprises, elle essaie de se tuer, mais le courage lui manque, et, à trois reprises différentes, ses tentatives de suicide échouent. Dans ses accès et surtout en présence de Louise, dont le délire exalte le sien, Madeleine lance des imprécations contre Gaufridi. Triste et lamentable spectacle que celui de ces deux folles accusant un innocent de crimes imaginaires ! Après que Louise accuse Gaufridi de manger des petits enfants, Madeleine ajoute en riant, et en se gaussant : « Il s'en soucie bien de votre merluche et de vos œufs, il mange de bonne chair de petits enfants qu'on lui apporte invisiblement de la synagogue. » Le pauvre prêtre jure par le nom de Dieu, par la Vierge et par saint Jean-Baptiste que toutes ces accusations sont fausses. « Je vous entends, dit Madeleine. Parlant de Dieu le Père, vous entendez Lucifer ; par le Fils, Béelzébut ; par le Saint-Esprit, Léviathan ; par la Vierge, la mère de l'Antéchrist, et le diable, précurseur de l'Antéchrist, vous l'appelez saint Jean-Baptiste. »

Gaufridi sentit qu'il était perdu. Le courage lui manqua. A la torture, peut-être même avant la torture, il avoua tout ; oui, tout, c'est-à-dire des crimes qu'il n'avait pas commis. Il avoue que le diable lui a apparu, lui a fait des visites fréquentes, l'attendant à la porte de l'église, que plus de mille femmes ont été empoisonnées par le souffle irrésistible que Lucifer lui a donné. « J'avoue, dit-il encore, que lorsque je voulois aller au sabbat, je me mettois la nuit à ma fenêtre toute ouverte, je sortois de ma chambre, et Lucifer me prenoit, et en un instant, je me trouvois transporté au sabbat, y demeurant quelquefois une, deux, trois, quatre heures. » On chercha sur son corps la marque du diable. Quand on lui ôta le bandeau placé devant ses yeux, il apprit avec horreur que par trois fois on avait enfoncé l'aiguille sans qu'il la sentît. Donc il était trois fois marqué du signe de l'enfer. L'inquisiteur ajouta : « Si nous étions en Avignon, cet homme seroit brûlé demain. »

Il fut brûlé. Le 30 avril 1611, à Aix, à cinq heures du soir, Louis Gaufridi, prêtre bénédictin en l'église des Accoules, fut dégradé. Le bourreau le conduisit en face de la grande porte de l'église ; là, il dut demander pardon à Dieu, au roi et la justice. Sur la place des Prêcheurs, le bûcher était dressé. Le malheureux y monta, et quelques minutes après il n'était plus que cendres.

Trois religieuses que le délire de Louise et de Madeleine avait gagnées, et qui étaient atteintes d'accès démoniaques, finirent par guérir. Il n'en fut pas de même des deux principales héroïnes de ce drame. Madeleine de la Palud, devenue complètement folle, sortit du couvent. On la voyait marcher les pieds nus dans les rues de Carpentras, où elle demandait l'aumône de porte en porte. Quant à Louise, elle continua ses dénonciations. Les révélations de Verrine, son diable, firent brûler une pauvre fille aveugle nommée Honorée.

Le XVIIe siècle commençait par de terribles cruautés, par les exécutions du pays de Labourd, de Logrono et la mort de Gaufridi. Mais les temps sont déjà changés. Au lieu d'exciter l'admiration générale, ces iniquités de la superstition provoquèrent la colère et le mépris, au moins des savants et des philosophes. C'est l'époque où Bacon fait paraître son grand ouvrage (1620), où Harvey régénère la physiologie (1620), où Descartes prépare son *Discours de la Méthode*. Quelle singulière contradiction entre ces livres immortels et les compilations de sottises qui avaient, il y a vingt ans à peine, marqué le début du siècle (Le Loyer, Boguet, Bodin, de Lancre) ! Un jeune homme, âgé seulement de vingt-quatre ans, et qui plus tard devint célèbre, Gabriel Naudé [12], se fit l'interprète de tous ceux que la vieille crédulité n'aveuglait pas. Il entreprit de justifier les magiciens. Ce qu'on appelle la magie n'est rien qu'un fatras absurde. Virgile n'a jamais été un sorcier, Raymond Lulle, Arnaud de Villeneuve, Paracelse, sont des savants et non des magiciens. Agrippa lui-même, le plus expert enchanteur de nos derniers temps, n'est pas un nécromancien, un adepte de Satan, mais une des lumières de son siècle. Son fameux chien noir n'est pas le diable, mais un simple chien, très dévoué à son maître, et qui n'a rien de diabolique. Gabriel Naudé est singulièrement hardi dans ses appréciations. « Il semble, dit-il, que ce soit la propriété essentielle des philosophes mathématiciens et naturalistes d'être réputés magiciens, puisque les jurisconsultes et théologiens n'en ont jamais été accusés. Tous les pays qui avaient des gens doctes se pouvaient assurer d'avoir des magiciens, desquels nous voyons que par le défaut des premiers, l'Allemagne s'est toujours montrée assez stérile. Comme s'il n'y avait pas d'autres écoles que les cavernes de Tolède, d'autres livres que les Clavicules (terme de magie), d'autres docteurs que les diables ! » Quant aux livres de sorcellerie, Naudé les traite comme il convient. « C'est une chose étrange que Del Rio, Le Loyer, Bodin, de Lancre, Godelmann, qui ont été ou sont encore personnes de crédit et de mérite, aient écrit si passionnément sur les démons, sorciers et magiciens que de n'avoir jamais rebuté aucune histoire, quoique fabuleuse et ridicule, de tout ce grand nombre de fausses et absurdes qu'ils ont pêlemêlées sans discussion parmi les vraies et légitimes. Il seroit grandement à souhaiter qu'ils fussent dorénavant plus religieux à n'avancer aucune histoire qu'après en avoir soigneusement examiné toutes les circonstances, et qu'ils voulussent balancer toutes choses à leur juste prix et valeur, pour ne se laisser induire à faire un jugement sinistre de quelqu'un sans grande occasion, et à forger ces accusations frivoles, pleines de vent et de mensonges, puisque, quand on vient à les examiner de près, on trouve ordinairement que ce ne sont rien que pures calomnies, soupçons mal fondés et paroles vaines, légères et étourdies. »

De fait, la sorcellerie était morte (1625), et les procès qui se firent après cette époque doivent être considérés comme des anachronismes. C'est pour cette raison sans doute que le procès d'Urbain Grandier est si célèbre. La conscience publique, qui avait sommeillé jusque-là, s'est enfin éveillée. De là un grand retentissement et une générale émotion [13]. Le procès d'Urbain Grandier ressemble au procès de Gaufridi. Les personnages ont changé ; mais le drame est le même. Des religieuses folles, hystériques, accusent un prêtre de les avoir ensorcelées, et le prêtre expie sur le bûcher ce crime imaginaire.

La scène se passe à Loudun, au couvent des ursulines. Les ursulines étaient des demoiselles nobles, assez instruites, ayant lu la Bible et parlant quelque peu le latin. L'une d'elles, Claire de Sazilly, était parente du cardinal de Richelieu ; la supérieure, celle qui fut malade la première, s'appelait Jeanne de Belciel. La maladie épidémique qui sévit plus tard, et avec tant de fureur, parmi les religieuses, commença en 1631, et peut-être plus tôt. En tous cas, elle resta à peu près ignorée, connue seulement de Mignon, confesseur de la supérieure. Mignon fit comme Romillion à Aix ; il essaya d'exorciser les diables ; mais, n'y réussissant pas, il s'adjoignit un prêtre fanatique, nommé Barré, qui était curé de Saint-Chinon. Le premier exorcisme public a lieu le 11 octobre 1631 devant Guillaume de Cerisay, bailli de Loudun, homme d'un esprit ferme et d'un grand courage, et devant Mannoury, chirurgien, lequel joua dans toute cette affaire un assez vilain rôle. Les démons exorcisés disent qu'Urbain Grandier est le sorcier qui les a convoqués.

Ce Grandier, curé de Loudun, élevé par les jésuites de Bordeaux, était un orateur éloquent, passionné, de grande mine. Intelligent et orgueilleux, il avait par ses allures provocantes, son mépris de l'opinion vulgaire, plus que par ses mœurs trop galantes, mécontenté et excité contre lui une partie de la ville. Quant aux religieuses, on ne peut douter que cet homme d'un esprit supérieur et d'une grande renommée n'ait fait une vive impression sur leur imagination. Grandier dédaigne l'accusation que portent contre lui Mignon et Barré. Son supérieur de Bordeaux, le belliqueux évêque de Sourdis, ancien marin, ne fait que rire de ces histoires de diables. Le bailli, sa courageuse femme et un médecin nommé Duncan, avaient par des preuves irréfutables démontré la vanité de tous les motifs de l'accusation, de sorte que pendant l'année 1632 et le commencement de 1633, on put croire qu'Urbain Grandier était sauvé.

Les démons cependant n'en continuaient pas moins leurs ébats. La renommée porta le récit de leurs hauts faits dans toute la France. On venait de Paris, de Marseille, de Lille, pour les voir à l'œuvre. Richelieu, voulant faire cesser ce désordre, envoya à Loudun M. de Laubardemont, comme commissaire royal, avec pleins pouvoirs (novembre 1633). Les historiens et les poètes ont été sévères pour Laubardemont, et l'ont accusé de poursuivre Grandier par animosité personnelle. Ils le représentent comme un sinistre bourreau. Il est possible que cette légende ne soit pas tout à fait conforme à l'histoire, et je m'imaginerais volontiers que Laubardemont, comme de Lancre, Boguet, Bodin, comme tous les grands juges et commissaires des parlements, croyait à la possession démoniaque et à la sorcellerie de Grandier. Dans ce lamentable procès, si injuste, il semble que tout le monde a été de bonne foi, Grandier en niant, Mignon, Barré et Laubardemont en affirmant, les ursulines en accusant dans leur délire les maléfices de Grandier.

Celles-là surtout étaient de bonne foi. Quelques pamphlétaires protestants du XVIIIe siècle, et quelques historiens du XIXe siècle ont imaginé je ne sais quelle comédie jouée de concert par les ursulines, Laubardemont et Richelieu pour perdre un prêtre libre penseur. C'est du roman. La vérité est que les ursulines furent terriblement et follement sincères. Leur maladie n'était pas simulée, mais réelle, tout aussi réelle que celle des folles que l'on enferme.

Voyons en effet quels symptômes elles présentent. « Au jour de l'exorcisme, la supérieure passa dans la chapelle, voulant frapper les assistants, et faisant de grands efforts pour outrager le père même (le père Surin). Au chant des hymnes, le diable commença à se tordre, et en se vautrant et en se roulant, il conduisit son corps (le corps de Jeanne de Belciel) jusqu'au bout de la chapelle, où il tira une grosse langue bien noire, et lécha le pavé avec des trémoussements, des hurlements et des contorsions à faire horreur. Il fit encore la même chose auprès de l'autel, après quoi il se releva de terre, et demeura à genoux avec un visage plein de fierté, faisant mine de ne vouloir pas passer outre ; mais l'exorciste, avec le saint sacrement en mains, lui ayant commandé de le satisfaire de parole, ce visage changeait devint hideux, et la tête se pliant en arrière, on entendit prononcer d'une voix forte tirée du fond de la poitrine : « Reine du ciel et de la terre, pardon. » Les autres religieuses ont des accès analogues. « Étant renversées en arrière, la tête leur venoit aux talons, et elles marchoient ainsi avec une vitesse surprenante et fort longtemps. J'en vis une qui, étant relevée, se frappoit la poitrine et les épaules avec sa tête, mais d'une si grande vitesse et si rudement qu'il n'y a au monde personne, pour agile qu'il soit, qui puisse rien faire qui en approche. Quant à leurs cris, c'étoient des hurlements de damnés, de loups enragés, de bêtes horribles. On ne sauroit imaginer de quelle force elles criaient. Rien en cela comme dans le reste qui fût humain. » Quelquefois les convulsions. sont remplacées par l'extase, la catalepsie, et des symptômes analogues au somnambulisme. « Dans leurs assoupissements elles devenaient souples et maniables comme une lame de plomb, en sorte qu'on leur pliait le corps en tous sens, en devant, en arrière, sur les côtés, jusqu'à ce que la tête touchât par terre, et elles restaient dans la pose où on les laissait, jusqu'à ce qu'on changeât leurs attitudes. » M. Figuier, qui a donné l'histoire détaillée de ce fameux procès, pense qu'il y a eu à Loudun des faits analogues à la prétendue *lucidité* des somnambules [14]. Mais ces faits sont des plus contestables, car il faut ajouter peu de foi au témoignage des exorcistes d'alors, fort crédules en général, et en particulier acharnés contre Grandier. D'ailleurs rappelons-nous que l'hystérie, l'hystéro-épilepsie, la catalepsie, le somnambulisme, sont des maladies voisines, que l'on passe facilement de l'une à l'autre, et que, dans tout accès démoniaque, il y a des périodes très analogues à l'accès de somnambulisme.

Le lendemain de son arrivée à Loudun, Laubardemont fait arrêter Grandier, l'auteur de toutes ces misères. Grandier persistant dans ses dénégations, on le fait comparaître devant les possédées pour confronter les démons et leur prince. La scène fut dramatique : car la présence de Grandier provoqua chez les religieuses de terribles accès. « Toutes les possédées firent entendre des cris fort étranges, persistant d'accuser Grandier de magie ; ce furent des convulsions si horribles, des postures si épouvantables, que cette assemblée pouvoit passer pour un sabbat. » L'un des démons cria que Béelzébut était entre Grandier et le père Tranquille, capucin ; presque aussitôt toutes voulurent se jeter sur lui, s'offrant de le déchirer, de montrer ses marques et de l'étrangler, quoiqu'il fût leur maître. Ces violences et ces rages furent poussées à un tel point que, sans le secours des personnes qui étaient au chœur, Grandier eût infailliblement perdu la vie.

N'ayant rien avoué, Grandier fut appliqué à la torture. Le chirurgien Mannoury, qui avait déjà cherché sur l'infortuné prêtre les stigmates du diable, fut chargé de recommencer cette besogne. Mais comme Grandier témoigna sa répugnance à se laisser toucher par Mannoury, ce fut un autre chirurgien plus humain, nommé Fourneau, qui s'en acquitta. Comme les moines et les juges voulaient faire mettre des pointes de fer entre les ongles et la chair, Fourneau refusa. Malgré cet adoucissement, la torture fut terrible. Les jambes étant liées, on enfonça des coins à coups de maillet entre les cordes, de manière à ce que les os fussent broyés. Cependant Grandier, quoi qu'en aient dit ses accusateurs, n'avoua rien ; il reconnut cependant qu'il était l'auteur d'un manuscrit trouvé dans ses papiers, et qui traitait du célibat des prêtres.

Le 18 août 1634, Urbain Grandier, curé de Loudun, fut conduit à la place de Sainte-Croix, à Loudun, attaché à un poteau sur le bûcher, et brûlé vif, avec les pactes et caractères magiques témoignant l'énormité de son crime [15].

La légende raconte que tous ceux qui avaient contribué à la mort de Grandier, assignés par le prêtre innocent au tribunal de Dieu, furent punis dans un bref délai. Cependant Jeanne de Belciel, la supérieure, vécut encore assez longtemps, et quitta la vie en odeur de sainteté. Laubardemont ne mourut qu'en 1651. Il est vrai que le père Lactance, le père Surin, le père Tranquille, le chirurgien Mannoury, tous personnages, qui, à des degrés divers, avaient contribué à la mort de Grandier, furent saisis par les mêmes diables dont ils avaient recueilli les accusations. C'est dire qu'ils devinrent fous, ou peu s'en faut. Il est probable que le spectacle effrayant qu'avaient présenté les hystériques du couvent dans leurs convulsions et leur délire ne fut pas sans exercer une fâcheuse influence. Peut-être même, sinon le remords, au moins l'incertitude d'avoir bien jugé, ont contribué à développer cette démonopathie chez les juges. C'est un signe des temps. Ni Rémi ni Bodin n'ont eu de remords. Ils ont vécu satisfaits de leur œuvre, pensant que rien n'est plus agréable à Dieu et propre au salut que le brûlement d'une sorcière. En 1634, il en est déjà tout autrement. Le père Lactance meurt dans des convulsions horribles, trente jours après Grandier ; le père Surin est saisi par Isaacaron, le démon de Jeanne de Belciel. Le malheureux exorciste, au moment où il commandait au démon de sortir, l'a vu disparaître du visage de la possédée et s'attaquer à lui. Le père Tranquille mourut en 1638. Voici ce qu'on grava sur sa tombe : « Ci gît l'humble père Tranquille, de Saint-Rémi, prédicateur capucin. Les démons, ne pouvant plus supporter son courage en son emploi d'exorciste, l'ont fait mourir par leurs vexations. » Mannoury le chirurgien vit, un soir, le spectre de Grandier lui apparaître, et il mourut quelques jours après. Il ne faut pas assigner à ces maladies quelque cause mystérieuse. La mort dramatique de Grandier avait été un événement terrible. Dans ces imaginations troublées, et ces consciences, nous le croyons, honnêtes et sincères, la lutte entre l'esprit nouveau et la crédulité ancienne a bien pu ébranler les fondements de la saine intelligence et de la froide raison.

Le fait est que les convulsions étranges provoquées par les diables de Loudun ne cessèrent pas quand le sorcier fut brûlé. L'hystérie ne se dissipe pas aussi facilement que la fumée d'un bûcher, et on n'a pas encore prouvé que pour guérir des convulsions il suffise de sacrifier un innocent. Donc les ursulines continuèrent à délirer. La contagion gagna les séculières de la ville. Dans une ville voisine, parmi les dames et les demoiselles de la bourgeoisie, à Chinon, il y eut aussi des attaques démoniaques. Ce même Barré, qui avait d'abord exorcisé les religieuses de Loudun, pratiqua de nombreux exorcismes ; « il auroit exorcisé des pierres. » Les diables des bourgeoises de Chinon désignèrent leurs princes : un certain curé nommé Santerre, puis un autre nommé Giloire. Les deux prêtres eurent fort peur. Cette peur était bien naturelle, car les exemples de Gaufridi et de Grandier n'avaient rien d'encourageant. Ils eurent recours à leurs supérieurs, à l'évêque de Tours, à l'archevêque de Paris, qui intercédèrent ; auprès de Richelieu. Les énergumènes furent mises dans une prison, où elles étaient tous les jours traitées « de la bonne manière. » Quant à Barré, il fut interdit et exilé (1640). Depuis deux ans déjà, à Loudun, les diables avaient cessé leurs contorsions, Richelieu ayant fait supprimer la pension de 4,000 livres qu'on allouait au couvent.

L'histoire des diables de Louviers est plus obscure que celle des diables de Loudun. Quoiqu'un innocent ait été brûlé, on s'en est fort peu inquiété. Les historiens, après s'être apitoyés sur Grandier, n'ont pas trouvé un mot de compassion pour le pauvre prêtre Boullé, qui périt sur le bûcher, accusé par une hystérique complètement folle. Michelet, dans le récit qu'il nous donne de cette histoire, montre une légèreté déplorable, et on peut dire qu'il n'en a pas compris la véritable signification. Dans le couvent de Saint-François, à Louviers, l'année même où Urbain Grandier mourait sur le bûcher, des religieuses se sentirent possédées par des diables. Nous savons ce que signifie cette possession. « Ces quinze filles, dit un des témoins oculaires [16], se pâment et s'évanouissent durant les exorcismes, en telle sorte que leur pâmoison commence lorsqu'elles ont le visage le plus enflammé. Pendant cet évanouissement, qui dure quelquefois demi-heure et plus, l'on ne peut remarquer ni de l'œil ni de la main aucune respiration en elles, et elles reviennent d'une façon merveilleuse en remuant premièrement l'orteil, puis le pied, puis la jambe, puis la cuisse, puis le ventre, puis la poitrine et puis la gorge, le visage demeurant cependant interdit de tous ses sens, lesquels enfin il reprend tout à coup en grimaçant, et la religieuse hurlant et retournant en ses violentes agitations et précédentes contorsions. » — « Dagon (le diable qui possédait la sœur Marie du Saint-Esprit) fut quatre bonnes heures, nous dit le père Esprit de Bosroger, dans la plus grande rébellion qu'on puisse imaginer, pour empêcher la fille de communier, et pendant tout ce temps-là il lui fit souffrir d'étranges contorsions, la jeta par terre plusieurs fois, lui fit faire cent bonds, cent courses autour de l'église, la fit pousser, choquer et renverser le monde, s'élancer et sauter sur les autels, tâcher à tout rompre, dire cent paroles d'insolence, demander à tout le peuple des adorations, mépriser Dieu avec des bravades et des rages insensées. Enfin il lui fit dire cent blasphèmes horribles, le refrain ordinaire du démon. Pendant cette rage, les exorcistes, voyant ce Dagon sur le grand autel, l'interpellèrent par des prières. Comme si ce démon eût été frappé d'un coup de foudre, il tomba par terre jusque contre le balustre, sur la face, à plus de quatre ou cinq pas de l'autel. »

Chaque religieuse tourmentée avait son démon. « La sœur Marie du Sainct-Sacrement, fille du président de l'élection du Pont-de-l'Arche, est possédée par Putifar, le démon de Picard ;

« Sœur Marie du St-Esprit, par Dagon, démon de Magdeleine Bavent ;

« Sœur Anne de la Nativité, novice, par Léviathan ;

« Sœur Barbe de Sainct-Michel, par Ancitif ;

« Sœur Louise de Pinteville, fille du procureur général de la cour des aydes, de Normandie, par Arfaxat ;

« Sœur Anne de Sainct-Augustin, tourmentée de Gonsague ;

« Sœur Marie Chéron, possédée de Grongade ;

« Sœur Marie de Jésus, possédée par Phaéton ; « Sœur Elizabet de Sainct-Sauveur, possédée d'Asmodée ;

« Sœur Françoise de l'Incarnation, possédée de Calconix [17]. »

Parmi les religieuses ainsi atteintes, il y en avait deux plus malades que les autres, la sœur Anne de la Nativité et la sœur Magdeleine

Bavent. Comme il arrive souvent en pareil cas, elles se détestaient et s'accusaient réciproquement de forfaits abominables. Par malheur, une de ces deux filles, Magdeleine Bavent, s'imagina que son confesseur, mort depuis quelque temps, le prêtre Picard, était un sorcier, l'instigateur, le complice de tous ces diables.

Il existe un livre curieux, assez rare, je crois [18], qu'on pourrait intituler : Mémoires de Magdeleine Bavent. Lorsque cette religieuse fut emprisonnée à Rouen, le R. P. Desmarets, de l'Oratoire, lui conseilla d'écrire le récit de sa vie. Le manuscrit confié au père Desmarets, probablement revu et recopié par lui, fut imprimé en 1652. Cette étrange confession d'une folle, Michelet l'a prise au sérieux. C'est avec les hallucinations, les visions de cette hystérique que l'historien a essayé de retracer les épisodes de la possession de Louviers. Comment un écrivain d'un tel génie s'est-il laissé abuser à ce point ? Comment n'a-t-il pas vu à chaque ligne de l'autobiographie de Magdeleine percer la fourberie maladive ou le délire fantasque de l'hystérie ? Faut-il croire que le vieux prêtre David, le prédécesseur de Picard, faisait mettre bas tous habits aux religieuses, pour leur donner la communion dans l'état de pureté d'Eve avant le péché ? Faut-il admettre que David ait légué par testament son corps à Béelzébub ? Faut-il être assuré que Picard et Boullé allaient au sabbat en compagnie de Magdeleine ? Il est possible à la rigueur qu'il y ait dans la confession de Magdeleine quelques vérités éparses, mais la malheureuse est tellement folle qu'on ne pourra jamais distinguer dans ce fatras ce qui est faux et ce qui est véritable. Autant ce livre est intéressant au point de vue psychologique, autant au point de vue historique il a peu de valeur. Si on faisait quelque fond sur lui, on serait aussi crédule que Messieurs de l'Officialité d'Evreux et du Parlement de Rouen, qui déterrèrent le corps de Picard et brûlèrent vivant Boullé sur la simple dénonciation de la folle.

Qu'on en juge d'ailleurs, et qu'on dise si ce n'est pas ici le langage d'une aliénée. « Un jour qu'il (Picard) me fit communier à la grille ; il me toucha du doigt au sein, par-dessus la guimpe, en me donnant la sainte hostie, et, au lieu de prononcer les paroles usitées en cette action sainte, il me dit : « Tu verras ce qui t'arrivera. » En effet, contrainte par des agitations intérieures d'aller au jardin, je m'assis sous un mûrier. Alors le démon m'apparut sous la figure d'un chat de la maison, qui mit deux de ses pattes sur mes genoux, les deux autres vis-à-vis de mes épaules, et approchant sa gueule assez près de ma bouche, avec un regard affreux, sembloit me vouloir tirer la communion. Si la sainte hostie me fut tirée ou non, je n'en sais rien. Le diable l'assure en quelqu'un de mes papiers... La nuit prochaine j'entendis de mon lit une voix comme de quelqu'une des religieuses qui m'appeloit. Il pouvoit être près de onze heures ; je me lève et m'en vais vers la porte de ma cellule, et incontinent je me sens enlevée, sans savoir par qui ni comment, perdant toute connoissance jusqu'à ce que je me vis en certain lieu qui m'est inconnu, où il y avoit plusieurs prêtres et quelques religieuses, et me trouvai auprès de Picard. » Ainsi, nous retrouvons l'assemblée nocturne, le sabbat où se réunissent des prêtres et des religieuses, et cela, au milieu du XVIIe siècle, à l'insu de la maréchaussée et de la population, aux portes d'une ville aussi fréquentée que Louviers. Magdeleine affirme que le sabbat existe. Et pourquoi en douterait-elle puisqu'elle y a été ? On estime par la valeur de cette affirmation ce qu'il faut penser des affirmations des vieilles sorcières dans le siècle précédent. Quoi ! le sabbat serait une assemblée populaire, une sourde révolte des paysans et du clergé inférieur contre la féodalité ? Au temps de Magdeleine Bavent, il n'y avait certes point de sabbat, et cependant, tout comme les magiciennes qui l'ont précédée, elle décrit cette diabolique cérémonie. « Je n'ai jamais su la manière de me faire enlever. Mes papiers, — comme bien des malades, Magdeleine a la manie d'écrire, — montrent évidemment que ça a été par l'ordre et le pouvoir de Picard. Et quand j'aurois toutes les plus grandes envies d'aller au sabbat, il me seroit impossible, et je ne saurois par quel bout m'y prendre. Au reste, on me rapportoit de même qu'on m'avoit emportée, et je me retrouvois en ma chambre après une beure et demie ou trois heures, et me remettois dans le lit. Le lieu où se faisoit le sabbat m'est inconnu. Je n'en ai pas même discerné les particularités ; seulement me souvient-il qu'il est plutôt petit que grand, qu'il n'y a point de sièges pour s'asseoir, et qu'il y fait clair à cause des chandelles posées sur l'autel en façon de flambeaux. Je n'y ai aperçu que des prêtres et des religieuses, très rarement des personnes séculières, et fort peu. Les diables y sont assez souvent en demi-hommes et demi-bêtes, quelquefois seulement en figure d'hommes, et Picard, auprès de qui je me suis toujours rencontrée, me les montroit. Il y a un autel sur lequel les prêtres célèbrent la messe avec le papier de blasphème. Quant à l'hostie qui est employée à la célébration de leur messe, elle ressemble à celle dont on se sert en l'église, sinon qu'elle m'a paru toujours roussâtre, et j'en puis parler, à cause qu'on y communie. On en fait aussi l'élévation, et pour lors j'oyois prononcer des blasphèmes exécrables. Quand on y mange, c'est de la chair humaine qu'on mange, mais cela arrive très rarement. Le jour du jeudi saint j'ai vu faire la cène d'une horrible manière. On apporta un enfant tout rôti ; il fut mangé de l'assemblée, et je ne saurois dire avec une certitude évidente si j'en ai goûté. J'ai dit à mon confesseur qu'il me sembloit qu'oui, et que je cessai aussitôt parce que cette viande étoit fade. Deux hommes, de condition ont paru au sabbat, l'un d'eux fut attaché en croix tout nu, et il eut le corps percé, dont il mourut aussitôt. L'autre fut attaché à un poteau et éventré. »

En vérité, ces citations, si longues soient-elles, ne sont pas inutiles ; elles montrent l'erreur profonde de ceux qui acceptent pour valables toutes les billevesées que Magdeleine Bavent a racontées. Il nous est donc impossible d'éprouver pour elle la compassion que Michelet lui témoigne. Ce qu'elle dit de son emprisonnement, de ses souffrances dans la prison, de ses tentatives de suicide, ce sont évidemment des mensonges, des hallucinations, ou des vérités noyées dans de si énormes faussetés, qu'il serait déraisonnable d'y ajouter la moindre créance. D'ailleurs les divagations de cette malheureuse ont eu des conséquences bien plus graves que l'erreur d'un historien ; elles ont amené la mort d'un innocent.

En 1643, on commence la procédure contre Boullé. Il faut quatre ans pour que la sentence définitive soit rendue (1643-1647). Pendant quatre ans, tout l'appareil de la justice laïque ou ecclésiastique est en mouvement pour démontrer le crime de Boullé. En vain un vaillant homme, Yvelin, chirurgien de la reine, indique par des preuves irréfutables que les possédées de Louviers sont des folles ou des fourbes : il ne peut ébranler la conviction ni de maître Pierre de Langle, pénitencier d'Evreux, ni de l'archevêque, ni des capucins exorcistes, ni des conseillers du parlement de Rouen. Les juges décident que Boullé est un sorcier, comme feu Picard son prédécesseur. Voici, par curiosité, les charges trouvées contre Boullé : 1° il est marqué de la marque des sorciers, reconnue par l'insensibilité à la dite marque ; 2° Magdeleine Bavent l'a vu au sabbat commettant des obscénités et des sacrilèges infâmes ; 3° des diables sont logés dans le corps des religieuses de Louviers, et ces diables reconnaissent Boullé comme leur chef ; 4° il a été surpris dès l'aube en compagnie d'un fantôme qui ressemblait étrangement au diable ; 5° il éprouve des attaques de nerfs en disant la messe ; 6° il guérit les maux de dents ; 7° il se complaît à lire des livres dont la couverture est enfumée. Appliqué à la question extraordinaire, Boullé n'avoue rien, mais son crime est si évident qu'il n'a pas besoin d'être confessé pour être reconnu. Le malheureux est condamné. Reproduisons une partie de cet arrêt mémorable.

Extrait des registres de la cour du parlement : « La cour a déclaré et déclare Mathurin le Picard et Thomas Boullé dûment atteints et convaincus des crimes de magie, sortilège, sacrilège, et autres impiétés, et cas abominables commis contre la majesté divine. Pour punition et réparation desquels crimes ordonne que le corps dudit Picard et le dit Boullé seront ce jour d'hui délivrés à l'exécuteur des sentences criminelles, pour être traînés sur des claies par les rues et lieux publics de cette ville, et étant le dit Boullé devant la principale porte de l'église cathédrale Notre-Dame, faire amende honorable, tête, pieds nus et en chemise, ayant la corde au col, tenant une torche ardente du poids de 2 livres, et là demander pardon à Dieu, au roi et à la justice ; ce fait, être traîné en la place du vieil marché, et là, y être le dit Boullé brûlé vif, et le corps du dit Picard mis au feu, jusques à ce que les dits corps soient réduits en cendres, lesquelles seront jetées aux vents. Fait à Rouen en parlement, le vingtième et unième jour d'août 1647. »

L'exécution eut lieu, — singulier rapprochement, — sur la place même où Jeanne d'Arc avait été brûlée deux siècles auparavant.

Boullé fut une des dernières victimes de la croyance au diable. En 1674, dans le pays de Vire, quelques paysans, à moitié fous, accusèrent les sorciers de leur avoir jeté un sort. L'affaire alla devant le Parlement de Rouen, qui condamna les prétendus sorciers à la peine de mort. Heureusement les mœurs avaient changé, à Versailles, sinon à Rouen. Un édit de Colbert, transformant la peine capitale en bannissement perpétuel, défendit aux tribunaux d'admettre dorénavant l'accusation de sorcellerie. Le parlement crut nécessaire de faire au roi une vigoureuse remontrance, « L'Écriture prononce des peines de mort contre ceux qui commettent le sortilège. Ç'a été le sentiment générai de toutes les nations de condamner les sorciers au dernier supplice, et tous les anciens en ont été d'avis. En France même, tous les arrêts de justice depuis Grégoire de Tours jusqu'à de Lancre condamnent les sorciers jusqu'à la mort. » Cette remontrance n'eut aucun succès, et fort heureusement Louis XIV maintint sa décision.

Tout n'est pas fini cependant avec la sorcellerie. Elle reparaît en 1730 devant la cour d'Aix. Le procès de la Cadière contre le père Girard, son confesseur, est la copie exacte des procès de Gaufridi, de Grandier et de Boullé. Une religieuse, Louise Cadière, hystérique et presque folle, accuse son confesseur, le père Girard, jésuite, de l'avoir séduite et ensorcelée [19]. Pour la séduction, elle n'est pas douteuse. Il suffit de lire les pièces du procès et les aveux même de Girard pour en demeurer convaincu. Mais, quant à la sorcellerie, on devine ce qu'il en faut penser. Comme Magdeleine de la Palud, comme Jeanne de Belciel, comme Magdeleine Bavent, Louise Cadière est une folle, démoniaque et hystéro-épileptique. Voici en effet ce que dit son défenseur, afin de prouver que Girard est réellement un sorcier : « On trouva la demoiselle Cadière dans des transports et des convulsions plus violentes que précédemment ; alors l'abbé Cadière (son frère) prit une étole et un rituel, et il commença les prières de l'exorcisme. Il commanda au démon de dire son nom. La demoiselle Cadière, qui avoit été jusque-là insensible, et comme morte, dit d'un ton extraordinaire : « Girard Jean-Baptiste ; » ce qu'elle répéta trois ou quatre fois. Messire Gandalbert, curé de la cathédrale de Toulon, dit que, pendant ses accidents, tous les membres du corps de cette fille étaient raides et inflexibles, son col enflé considérablement, et la peau tendue comme celle d'un tambour, et que, quand elle étoit revenue, elle disoit n'avoir aucune idée de ce qui étoit arrivé. Quand on prononça les exorcismes, elle fut furieusement attaquée. Messire Girard ayant mis l'étole sur son corps, elle la rejeta deux ou trois fois avec des paroles injurieuses et méprisantes ; elle fut dans un état encore plus violent que le premier, et se tourmentoit extraordinairement avec le visage contre l'oreiller. D'autres fois, on la voyoit, ses genoux rétrécis jusqu'au menton, ses membres roides ; elle resta trois jours dans cet état sans prendre d'aliments ; puis tout d'un coup elle se leva, parut guérie, et, s'étant recouchée, retomba dans les mêmes états jusqu'au lendemain. »

Ce qui nous paraît aujourd'hui si simple, ce qui s'explique si bien par l'hystérie de Louise Cadière, parut alors prodigieusement compliqué. On regarda comme certain qu'il y avait eu sortilège. Mais qui en était l'auteur ? Était-ce la fille ou le prêtre ? Au parquet de la cour d'Aix, sur cinq magistrats, deux voulaient faire brûler Girard ; les trois autres, la Cadière. On transigea, et on proposa à la cour de faire étrangler la sorcière. Au parlement il y eut la même indécision [20] ; douze juges votèrent contre Girard, et opinèrent pour le bûcher ; les treize autres l'acquittèrent. La Cadière aussi fut acquittée, et dut être, selon les termes de l'arrêt, rendue à sa mère. Cet arrêt était juste, et c'est bien à tort que Michelet, dont la passion contre les jésuites a défiguré ce bizarre procès, s'indigne du jugement rendu. Girard était coupable de libertinage, d'inceste spirituel envers sa pénitente, comme on disait alors. Soit ! mais, franchement, a-t-on le droit de brûler pour ce délit ? Il semble donc que la cour d'Aix ait bien jugé. On peut cependant s'étonner qu'au XVIIIe siècle il se trouve dans un parlement de France douze juges sur vingt-cinq pour condamner au bûcher un prêtre magicien. Telle fut l'issue de la dernière accusation de sorcellerie, pâle reflet de celles d'autrefois. Mais quelle étrange analogie entre ces terribles procès ! Le prêtre Gaufridi est accusé de magie par une religieuse folle, et meurt sur le bûcher. Le prêtre Grandier est accusé de magie par toutes les religieuses d'un couvent, folles et hystériques, et meurt sur le bûcher ; le prêtre Boullé est accusé de magie par une religieuse folle, et meurt sur le bûcher ; le prêtre Girard est accusé de magie par une religieuse presque folle, et il s'en faut d'une voix au parlement d'Aix pour qu'il expie sur le bûcher sa sorcellerie imaginaire.

Maintenant, jetant un coup d'œil en arrière, considérons dans leur ensemble les idées qui ont régné dans le monde sur la sorcellerie et la possession diabolique. Dès les temps antiques, nous trouvons établie cette croyance que certaines maladies, caractérisées par des convulsions et des mouvements furieux, sont envoyées par une divinité vengeresse. Acceptée par Hippocrate, cette opinion est réfutée par Galien, qui n'admet pas les causes surnaturelles. Elle persiste cependant dans la conscience populaire à travers toutes les vicissitudes religieuses, politiques et sociales, vaguement admise par les prêtres et les savants du moyen âge, jusqu'au milieu du XIVe siècle. A cette époque, l'adoration et la crainte du diable grandissent, se développent, triomphent. Les démoniaques pullulent. Les exorcistes redoublent leurs conjurations. Des populations tout entières s'imaginent être livrées au démon. La grande conception fantastique du sabbat prend naissance. Les sorciers et les sorcières, complices de Satan, sont partout, comme Satan lui-même. Partout aussi s'allument les bûchers. D'abord ce sont les bûchers d'église ; puis, vers le milieu du XVIe siècle, la justice laïque succède à la justice du clergé. Mais il n'y a pas là d'adoucissement, puisque c'est de 1550 à 1600 qu'on a brûlé le plus de sorciers. Cette double terreur, terreur de la possession satanique et de la justice humaine, cesse enfin vers les premiers temps du XVIIe siècle. Toutefois la puissance du diable ne disparaît pas tout d'un coup. Elle survit pendant près d'un siècle, malgré les progrès de l'esprit moderne qui la raille. Les parlements, aveuglés par la vieille superstition expirante, réussissent à brûler encore certains prêtres sorciers sur la simple dénonciation de quelques misérables folles.

De nos jours il n'y a plus ni sorcellerie, ni possession. Peut-être, dans des villages écartés, existe-t-il encore quelque vieux paysan croyant aux loups-garous et aux maléfices, peut-être, dans certaines contrées, admet-on là puissance des mauvais esprits sur l'homme [21]. Le fait est que personne parmi les gens sensés n'admet plus l'intervention du diable dans les affaires humaines. L'observation médicale, patiente et sagace, a pu déjouer toutes les ruses de Satan, et montrer que, dans le délire effrayant des hystériques, dans leurs imprécations, leurs contorsions, leurs mouvements convulsifs, il y a un ordre secret, une série nécessaire et fatale, qu'on retrouve toujours pour peu qu'on veuille en faire une étude méthodique. Les symptômes qu'ont présentés les ursulines de Loudun, les religieuses de Louviers, les démoniaques exorcisées dans les églises, sont les mêmes symptômes qu'on voit journellement chez les hystériques enfermées à la Salpêtrière. Les unes et les autres ont la même maladie qui se manifeste par les mêmes effets. Il n'y a pas de différence appréciable, et nous avons

II. LES PROCÈS DE SORCIÈRES ET LES ÉPIDÉMIES DÉMONIAQUES.

le droit de conclure que les démoniaques exorcisées étaient des malades, des folles, et que les malheureux accusés par elles étaient des innocents.

Quant aux convulsions épidémiques, comme celles qui se produisirent dans les couvents au XVIIe siècle, et plus tard, au XVIIIe siècle, autour du tombeau du diacre Paris ou du baquet de Mesmer, l'explication est plus difficile. Il faut admettre qu'il y a une sorte de contagion nerveuse. Il ne s'agit pas ici d'une contagion matérielle, pondérable, visible au microscope, comme le germe infectieux de la petite vérole ou de la peste. La contagion se fait par l'imitation. De même qu'envoyant bâiller à côté de soi, on est tenté de bâiller aussi, de même une femme nerveuse, voyant sa compagne en proie à une attaque de nerfs, ressent la tentation presque invincible d'en faire autant. Cette imitation involontaire, irrésistible, fait que, dans un couvent de femmes, où la réclusion, le mysticisme, les privations de toutes sortes, prédisposent à l'hystérie, il suffit d'une seule attaque d'hystérie chez une religieuse pour que toutes les autres religieuses soient aussitôt atteintes du même mal. Ces faits ne sont pas de la théorie, mais de l'histoire ; et il suffit de relire le récit des faits qui se sont passés à Kintorp, à Loudun, à Louviers, pour être convaincu que la maladie hystérique se propage parmi une réunion de femmes avec autant de rapidité que le typhus parmi une armée en déroute.

Cette contagion par l'imitation se comprend bien pour les affections hystériques qui se développent dans l'intérieur d'un couvent, d'un village ou d'une bourgade, mais comment se peut-il que la même nature de délire règne épidémiquement durant deux siècles dans toute l'Europe ? Eh quoi ! pendant plus de deux cents ans toutes les malheureuses qu'on traîne devant les juges affirment qu'elles ont assisté au sabbat ; elles en décrivent les infâmes cérémonies ; elles racontent avec des détails d'une précision extraordinaire les persécutions sataniques dont elles sont victimes. Toutes ont vu les mêmes démons, ont participé aux mêmes enchantements, ont été tourmentées par les mêmes obsessions diaboliques. Ces aveux faits spontanément et sans le secours de la torture, doit-on les considérer comme exprimant des faits véritables, ou des hallucinations ? Le sabbat est-il un rêve ou une réalité ?

Il faut, pour apprécier sainement ces confessions des sorcières, connaître une étrange disposition de l'intelligence des hommes. Par suite d'un excessif amour et d'une admiration exagérée de nous-mêmes, nous avons tous, plus ou moins, une tendance générale à supposer la persécution, le mépris ou la raillerie d'autrui. Il nous semble qu'on ne nous rendra jamais toute la justice qui nous est due. Les accidents qui nous arrivent, conséquences de nos fautes ou de nos erreurs, sont involontairement attribués par nous à des persécutions ou à des hostilités dont la preuve est impossible à donner. Assurément, chez la plupart des individus, cette croyance à la persécution est victorieusement combattue par la raison, de sorte qu'elle n'entraîne aucune conséquence fâcheuse. On arrête les écarts de la folle du logis, qui se donnerait trop libre carrière, et on met un frein à cette imagination funeste de voir partout des ennemis. Malheureusement tous les hommes n'ont pas cette puissance, et quelques infortunés finissent par se persuader qu'ils sont victimes d'une persécution réelle. Partout ils voient des machinations perfides dirigées contre eux. Leur imagination déréglée construit toutes sortes de systèmes étranges. Les ennemis par lesquels les pauvres fous se croient aujourd'hui poursuivis sont les agents de police, les jésuites, les magnétiseurs, les physiciens, les électriciens, les esprits frappeurs, les cosaques. Autrefois, quoique la nature du délire fût la même, les ennemis étaient tout autres. C'étaient les démons, les incubes, les succubes, les stryges, les coquemars. Alors comme aujourd'hui, il s'agit toujours du délire de persécution ; alors comme aujourd'hui, ce sont des ennemis mystérieux qu'on invoque pour expliquer les douleurs qu'on éprouve. Mais les persécuteurs que la folie d'aujourd'hui va chercher parmi les puissants du jour, la folie d'autrefois les trouvait parmi les puissants d'alors, les mauvais anges, officiers du diable. Dans les vieux récits fantastiques qui se racontaient à voix basse avec terreur dans les chaumières, et qu'on prenait pour des histoires vraies, chaque fou persécuté trouvait l'explication de sa propre souffrance, et, quand il comparaissait devant l'inquisiteur, il racontait naïvement les tourments que Satan lui avait fait subir.

Au lieu de guérir ces malheureux, on s'acharna contre eux. Pourchassés, traqués, menés devant des tribunaux inflexibles, ils furent, par milliers, condamnés à la torture et jetés aux flammes.

II. LES PROCÈS DE SORCIÈRES ET LES ÉPIDÉMIES DÉMONIAQUES.

Les juges qui ont fait périr tant d'innocents n'étaient cependant ni des monstres, ni des scélérats. Ils croyaient être justes. Mais la superstition commune les aveuglait, et le poids énorme de toute l'ignorance de leur siècle pesait sur leurs jugements. Que ce triste exemple ne soit pas sans profit pour nous. Sachons en tirer une grande leçon morale, celle de l'humanité et de la tolérance. Les criminels d'il y a trois siècles sont considérés à présent comme des fous. Qui sait si, dans trois siècles, on ne réformera pas aussi nos jugements ? Qui sait si notre justice ne paraîtra pas trop sévère ? Ce malheur peut être évité. Pour les erreurs, les faiblesses, les ignorances de l'homme, il faut que l'homme se montre pitoyable et sache que sans clémence il n'y a pas de justice.

Notes

1.   Voyez la Revue du 15 février 1880.

2.   D'après M. Littré, les mots garou, garwall, gerulphus, viennent du mot germain verewolf (vir vulpes, homme-loup) ; le mot loup-garou signifie donc loup homme-loup.

3.   Pour le détail de quelques-unes de ces épidémies, je renverrai au bel ouvrage de Calmeil (la Folie considérée sous le point de vue pathologique, historique et judiciaire, 2 vol. ; Paris, 1845) qui a traité avec une érudition sûre et perspicace toutes ces questions. On peut aussi consulter le livre curieux et instructif de Simon Goulard (de Senlis) : Histoires admirables et mémorables de notre temps ; Paris, chez Jean Houzé, 1600, t. I, Ire partie, p. 43-61.

4.   Deux Traités nouveaux, très utiles pour ce temps. Le premier touchant les sorciers, augmenté de deux procès extraits des greffes pour l'éclaircissement et confirmation. Le second contient une brève remontrance sur les jeux de cartes et de dés, chez Jacques Baumet, 1569.

5.   Nicolas Rémi, conseiller intime du sérénissime duc de Lorraine, Démonolâtrie d'après les jugemens, suivis de mort, d'environ neuf cents personnes qui, pendant l'espace de quinze ans en Lorraine, payèrent de leur vie leur crime de sortilège ; Cologne, chez Henry Falckenburg, 1596. (Bibl. nat. R. 2569). Dans le même

volume on trouve un traité de Georges Pictor, docteur-médecin de la curie impériale à Ensisheim (Haute-Alsace) : des Démons qui se réunissent à certaines périodes lunaires et un Abrégé de magie cérémoniale (incomplet), chez Henry Pierre) Baie, 1562.

6.	C'est de là évidemment que vient l'expression populaire : on se donne au diable, quand on ne réussit pas à faire ce qu'on a entrepris.

7.	Tableau de l'Inconstance des mauvais anges et démons, où il est amplement traité des sorciers et de la sorcellerie. Livre très utile et nécessaire non-seulement aux juges, mais à tous ceux qui vivent dans les lois chrétiennes, avec un discours contenant la procédure faite par les inquisiteurs d'Espagne et de Navarre à cinquante-trois magiciens, apostats, juifs et sorciers en la ville de Logrogne en Castille, le 9 novembre 1610, en laquelle on voit combien l'exercice de la justice en France est plus juridiquement traité, et avec de plus belles formes, qu'en tous autres empires, royaumes, républiques et états, par Pierre de Lancre, conseiller du roi au Parlement de Bordeaux, à Paris, chez Nicolas Buon, in-4°, 1613.

8.	Il faut excepter les sorcières d'une province de Suède. Dans l'année 1670, c'est-à-dire il y a deux siècles, on y brûla jusqu'à quatre-vingt-cinq sorcières (Calmeil). Au demeurant, il est probable qu'en compulsant les archives communales, non-seulement de la France, mais des autres pays d'Europe, on trouverait dos exécutions pour crime de sorcellerie beaucoup plus nombreuses qu'on le suppose. M. Ch. Potvin a trouvé dans les registres de plusieurs villes de Belgique des documens intéressans, où sont décrits des raffinemens de cruauté qu'on ne peut lire sans émotion. — Albert et Isabelle. Fragment de leur règne, par Ch. Potvin ; Paris, 1861.

9.	C'est Michaélis qui nous a raconté cette histoire : Histoire admirable de la possession et conversion d'une pénitente séduite par un magicien ; Lyon, 1614, in-8°. Michaélis a encore composé un autre ouvrage intitulé : Pneumologie ou discours des esprits en tant qu'il est besoin pour entendre et résoudre la matière difficile des sorciers, comprise en la sentence contre eux donnée en Avignon l'an 1582, in-8° ; Paris, 1587. Les mémoires du pore

82

François Domptius sur le procès de Gaufridi sont de 1610 ; Paris.

10.   Il faut lire dans la Sorcière de Michelet, pages 233-259, le récit de toute cette sombre histoire.

11.   Homo homini lupus, mulier mulieri lupior, sacerdos sacerdoti lupissimus, dit an proverbe de moyen âge.

12.   Apologie pour tous les grands personnages qui ont été faussement soupçonnés de magie ; à Paris, chez François Targa, 1625.

13.   On en retrouve la trace dans les nombreux pamphlets publiés alors sur le procès de Grandier : Extrait des registres de la commission, etc. (Poitiers, 1634) ; Traité de la mélancolie, tiré des réflexions de M… sur le discours de M. Duncan (La Flèche, 1635) Apologie pour M. Duncan contre le traité de la Mélancolie. Récit véritable de ce qui s'est passé à Loudun (Paris, 1634) ; Véritable relation, etc. (Paris, 1634) ; l'Ombre d'Urbain Grandier, sa rencontre avec Gaufridi (in-8°, 1634) ; la Démonomanie à Loudun (Loudun, 1636) ; Admirable changement. de vie d'un jeune avocat (in-12, Loudun, 1636) ; Véritable relation etc., par le père Tranquille (in-12, La Flèche, 1634) ; Interrogatoire de M. Grandier (in-8°, Paris, 1634). Il faut joindre à ces livres l'Histoire des diables de Loudun (Amsterdam, 1694) ; Cruels effets de la vengeance du cardinal de Richelieu (Amsterdam, 1716) ; Examen et discussion critique, etc. (Liège, 1749). On voit que c'est toute une bibliographie. Cependant il n'y a là qu'une indication sommaire.

Au moment où je corrige les épreuves de cet article, je reçois communication d'un livre qui va paraître dans quelques jours chez L. Baschet (Paris, 1880) avec ce titre : Urbain Grandier et les Possédées de Loudun. M. le docteur Légué a pu, sur un sujet si souvent traité, et qui paraissait épuisé, réunir un très grand nombre de précieux documens inédits. Malheureusement les limites que je me suis assignées m'empêchent d'entrer dans plus de détails.

14.   Gaston, duc d'Orléans, venu à Loudun pour voir les possédées, témoigna que les démons pouvaient exécuter des ordres secrètement donnés.

15.   M. Légué, dans son livre sur Urbain Grandier, donne le fac-simile d'une estampe populaire extrêmement rare (il n'en reste probablement qu'un exemplaire), représentant la mort de Grandier.

Cette image, destinée aux gens du peuple, est accompagnée d'une légende assez naïve : « Urbain Grandier, curé de ladite ville, étoit natif du pays du Maine, magicien de profession. Il y a environ neuf ans qu'il fut reçu magicien, et marqué par Asmodée, le démon de luxure, lors de son institution, avec une marque faite en patte de chat, en quatre endroits, savoir… toutes lesquelles marques ont été trouvées, comme a dit Asmodée, aux exorcismes que faisoit Mgr l'évêque de Poitiers, assisté du R. P. Lactance, récollet. Ledit curé a trois frères, dont il y en a deux sorciers, et marqués, lesquels ont quitté le pays. Le diable et le curé s'entre-promirent trois choses : la première le rendre un des plus éloquens de ce temps, et de fait c'étoit merveilles de l'entendre ; la seconde qu'il le feroit jouir des plus belles et principales demoiselles de Loudun, la troisième de lui donner un chapeau rouge (et moi je ne pense pas que le diable en ait entendu un autre que celuy de feu et de flamme, qu'il n'a pu éviter et qu'il a bien mérité). »

16.   J. Lebreton, théologien, la Défense de la vérité touchant la possession des religieuses de Louviers ; Évreux, 1643, in-4°.

17.   Récit véritable de ce qui s'est fait et passé à Louviers, touchant les religieuses possédées. Extrait d'une lettre écrite de Louviers à un évêque. Paris, Beauplet, 1643.

18.   Histoire de Magdeleine Bavent, religieuse du monastère de Saint-Louis de Louviers, avec sa confession générale et testamentaire, où elle déclare les abominations, impiétés et sacrilèges qu'elle a pratiqués, et vu pratiquer, tant dans ledit monastère qu'au sabbat, et les personnes qu'elle y a remarquées. Ensemble l'arrest donné, contre Mathurin Picard, Thomas Boullé et ladite Bavent, tous convaincus du crime de magie. Dédié à Mme la duchesse d'Orléans, à Paris, chez Jacques Legentil (1652). Ce livre, ainsi que toutes les plaquettes et tous les mémoires où il est question des possédées de Louviers, a été réimprimé à Rouen (1879), avec son titre et le titre suivant : Recueil de pièces sur les possessions des religieuses de Louviers (impr. Léon Deshays).

19.   Les pièces du procès de la Cadière ont été imprimées en cinq volumes, avec une suite, sous ce titre : Recueil général des pièces contenues au procès de Jean-Baptiste Girard, jésuite, et de demoiselle Catherine Cadière querellante. Voyez aussi le Mémoire

instructif pour demoiselle Cadière, in-f° ; Aix, 1731, et le Mémoire instructif pour le père Girard, in-f°) Paris, 1731.

20.	Voyez la curieuse note imprimée dans la suite du cinquième volume : Jugement du procès criminel entre le père Girard, jésuite, et la demoiselle Catherine Cadière.

21.	D'après M. Michéa, il y a eu des cérémonies d'exorcisme en 1842 à Bordeaux, et en 1860 à Besançon. — A Verzegnis, dans le Frioul, près d'Udine, en Italie, il y a eu l'année dernière (1878-1879) une épidémie d'hystérie démonopathique, dont M. F. Franzolini a raconté l'histoire. Là encore on a pratiqué, ce qui est presque incroyable, force exorcismes, dont le seul résultat a été d'aggraver les phénomènes morbides.

ISBN : 978-1981471980